제주도
귀양다리
이야기

제주도
귀양다리
이야기

글·사진 **장공남**

이담
Books

이 책은 방일영문화재단의 지원을 받아 저술·출판되었습니다.

제주도는 바람의 섬이다. 바람은 바다에서 시작되기도 하고 한라산에서 시작되기도 한다. 심지어 구름에서 바람이 인다. 바람이 불어 파도가 친다. 파도는 흰 거품을 내뿜으며 검은 바위를 친다.

　유배(流配)는 형벌이다. 과거 나라에 죄를 지은 사람을 조직사회에서 격리시키는 제도였다. 한반도에서 푸르디푸른, 큰 바다를 건너면 유네스코가 인정한 세계자연유산을 품은 제주도를 만난다.

　유배는 역사의 기록을 통해 전해진다. 이를 통해 얻을 수 있는 교훈은 '기록하라'는 것이다. 한동안 일기 쓰기를 멈추고 있다. 일기를 써서 나의 행적을 기록해 둬야 하겠다고 내 머리는 생각한다.

　유배를 탐구하게 된 것은 2대째 유배를 연구하고 있는 제주대학교 양진건 교수와의 사제지간 인연으로 시작되었다. 기자 시절, 양진건 교수팀의 '제주 유배문화의 녹색관광자원화를 위한 스토리텔링 콘텐츠 개발사업'과 보조를 맞춰 <제민일보> 2010년 6월 2일자부터 그해 12월 29일자까지 16차례에 걸쳐 '제주의 또 다른 기억 유배문화, 그것의 산업적 가치'를 연재하였다. 이 책은 연재되었던 기사를 다듬고, 보태어 만들어졌다. 사제지간의 인연이 아니었다면 이 책은 탄생되지 않았을 것이다.

과거의 사실인 유배를 객관적으로 기술하기 위해 유배와 관련된 여러 참고자료를 대조하였다. 한자 이름이나, 유배시기가 일치하지 않은 자료들이 있어 어려움을 겪었다. 이럴 때는 국사편찬위원회가 인터넷으로 제공하는 『조선왕조실록』을 검색해 참고하였다.

이 책은 문헌자료에 대한 일독과 함께 역사 유적이 남아 있는 제주도의 현장을 동시에 누비는 호사 속에 한 권의 책으로 묶였다.

격려와 사려 깊은 충고를 아끼지 않았던 주위 분들에게 감사하고 싶다.

신문에 연재될 당시, 제민일보 진성범 사장의 격려에 감사를 표하고 싶다. 그리고 한국기자협회는 유배 기사가 재조명 될 수 있도록 내게 '이달의 기자상'을 안겨 줬다. "아카데미즘과 저널리즘의 영역을 넘나들면서 완성도를 높였다"고 격려해 준 한국기자협회에 감사드린다.

초고를 정성스럽게 읽고, 재미있게 읽었다는 격려의 말과 함께 꼼꼼하게 교정까지 해 준 제주대학교 도서관의 이정효 씨, 한라도서관의 설희정 씨에게 감사드린다.

대학시절 인연으로 원고에서 책으로 변신할 수 있도록, 제주도 토박이가 쓰는 제주이야기를 써 보라는 '길'을 안내해 준 한길사의 박희진 씨의 충고는, 큰 힘이 되었다.

목포대학교의 김경옥 교수와의 만남은 유배인이 당대에 끼친 영향에 대한 실마리를 얻는 기회였다. 한라산에 같이 오르고 또 이 책에 실린 필자의 사진을 찍은 김영학 씨에게 감사한다.

사람이 살아가는 일이란 사람과 사람의 관계다. 즐거운 책 읽기의 묘미를 알게 해 준 양진건·현은선·고은경·김성남·김수미·이정효·김종식·김유리·박동필·양수경·김영희·이현미 씨 등을 비롯한 북클럽 구성원에 감사드린다. 박여성 교수·부현주·김민형·강동균·이경열 씨 등 제주대학교 스토리텔링클럽의 구성원은 학문의 즐거움을 같이 나눴다. 유배의 현재적 활용에 고민하고 있는 제주대학교 스토리텔링R&D센터의 강동균·강동호·김진철·문숙희·박기호 씨에게 감사한다.

어머니는 제주 바다에서 모델이 되어 주었다. 딸 장혜진은 주말마다 제주 곳곳의 유배의 현장을 싫다 않고 동행하였다. 대견하다.

아버지에게 생일선물을 드리려 매년 봄마다 계획을 세웠었다. 그러나 아버지는 아들에게 효도할 기회를 주지 않고 돌아가셨다. 아버지의 사랑이 있었기에 내가 존재한다는 것은 자명한 사실이다.

여물지 않고 아직 설익은 원고를 정성껏 한 권의 책으로 만들어 준 한국학술정보(주)에 감사드린다.

2012년 5월 제주에서
장공남

차례

길에서 역사와 대면하다

01. 제주의 또 다른 기억 유배

제주도는 성산일출봉과 한라산을 품고 있는 한국의 내로라하는 관광지다. 임금이 나라를 다스리는 한양(서울)과는 일정한 거리를 두고 있던 과거의 제주는 권력에서 패한 정치인이나 학자를 격리시키는 원악의 유배지였다. 그야말로 유형의 섬이었던 셈이다. 조선시대 사화와 당쟁의 소용돌이 속에서 정치적으로 패배한 관료들은 저마다의 사연을 지닌 채 절해고도의 섬, 제주에 유배되었다.

빼어난 자연을 벗하며 걷는 것을 통해 자신을 뒤돌아보는 걷기 열풍이 인기를 끌고 있다. 특히 제주 올레는 올레 고유의 제주어가 지닌 다정한 이미지에서 벗어나 이제는 제주의 걷기 관광 상품으로 자리매김되고 있다.

과거가 존재해야만 현재가 존재한다. 또, 미래가 약속된다. 제주도에 있어서 유배는 과거의 문화이다. 역사는 과거를 대상으로 하지만 한편으로는 미래를 내다보는 학문이다.

제주의 관광·문화 콘텐츠로서 제주 유배문화의 산업적인 가치 부여 가능성을 제주를 찾은 유배인의 '유배생활'을 통해 찾아볼 수 있다.

▲ 조선왕조 500년 동안 제주의 유배인은 260여 명에 달하는 것으로 추정되고 있다. 유배인은 임금이 있는 한양으로부터 멀리 떨어진 제주에서 학문 탐구와 함께 지역민에게 글과 그림을 가르치며 제주 사회에 적지 않은 영향을 끼쳤다.

| 관광 1번지, 제주는 유배지였다 |

　유배(流配)는 중죄를 범한 자에게 사형을 집행하지 않고 멀리 추방해 일생 동안 귀환하지 못하게 하는 형벌이다. 유배제도의 기원은 명확히 밝혀져 있지 않았으나, 삼국유사의 기록으로 미루어 볼 때 삼국시대부터 행해진 것으로 보인다. 유배제도가 법제화된 것은 중국 명나라의 법률을 따른 고려시대 이후다.

　중국을 통일시킨 원나라(몽고)는 제주를 유배의 섬으로 이용하였다. 몽고 침략에 맞서 제주에서 최후까지 항전을 벌였던 삼별초는 역사의 흐름 앞에 고개를 꺾었다. 원나라는 삼별초를 정벌한 후 제주를 불법 점령하기에 이른다. 이 사건을 계기로 몽고 군사 500명이 제주에 머물렀다. 몽고군이 주둔한 제주는 자연이 만든 감옥이었다. 이후 원나라는 죄인들을 제주에 유배 보내는데, 기록에 따르면 여기에는 왕족까지 포함되어 있다.

　중국 대륙은 역사의 파고를 겪는다. 원나라에 이어 중국의 패권을 잡은 명나라는 원나라의 달달친왕 등 왕족을 제주에 유배시켰다. 명나라는 원나라 세력이 최후까지 남아 있던 운남을 정벌해 양왕(칭기즈칸의 손자 쿠빌라이칸의 다섯째 아들)의 후손들을 제주로 유배 보냈다. 이들 원나라 후손들은 제주에 정착해 제주 사람이 되었다고 한다. 이들은 양(梁), 안(安), 강(姜), 대(對) 씨 성을 남겼다고 알려져 있다. 명나라가 그렇듯 고려도 제주를 유배지로 이용하였다. 하지만 유배인의 수나 영향력 측면에서 조선시대의 유배에 비해 미미하였다.

　제주가 본격적으로 유배지로 이용된 것은 사화와 당쟁의 숨 가

쁜 정치상황이 전개된 조선시대였다.

요즘 고령화 시대에 노인 인구의 증가와 함께 줄을 잇고 있는 노년층 중심의 효도관광, 대한민국을 이끌 청소년들의 학교에서 단체로 하는 수학여행, 그리고 주 5일제 시행과 함께 여가 시간이 많아진 현대인들이 가족단위로 제주 관광을 즐기고 있다. 아름다운 자연 풍광을 지닌 현대의 제주는 과거 중앙(한양, 임금이 살고 있는 곳)으로부터 가장 멀리 떨어져 있고 사방이 시퍼런 바다로 둘러싸여 있다는 이유로 정치에 소외된 채 가슴에 시퍼런 원망을 품은 조선의 선비들을 수용했던 처절한 유배지였다.

| 조선시대의 유배 |

조선왕조실록에 따르면 조선조 대표적인 지식인 4,000여 명 중 700여 명이 유배형을 경험하였다. '벼슬에 오른 사람 치고 유배 길에 오르지 않는 사람이 없다'는 말이 생길 정도로 조선시대 유배는 지식인의 통과의례였던 것으로 보인다.

조선왕조의 형벌 제도는 명나라 법전인 대명률을 따랐다. 형벌은 사형, 유형, 도형, 장형, 태형 등 다섯 가지로 나뉘었다. 중죄인을 멀리 보내 쉽게 돌아오지 못하게 유배를 보내는 유형은 목숨을 끊는 사형 다음으로 무서운 형벌이었다.

유배는 모반이나 반란을 꾀한 자, 정부의 정책을 비판해 상소를 올린 자, 권력 다툼에서 패한 자 등 주로 정치범을 대상으로 하였다.

유배지는 죄의 무게에 따라 정해졌다. 죄가 무거울수록 임금이 있는 한양에서 멀어졌다.

유배 거리는 죄인의 거주지로부터 유배지까지의 거리에 따라 2,000리, 2,500리, 3,000리(1,178㎞) 3등급으로 나눠 적용되었다. 등급에 따라 각각 곤장으로 볼기 100대를 치는 장 100형을 집행하는 것이 원칙이었다. 하지만 유배형의 거리 규정은 국토가 넓은 중국의 형법으로, 국토가 좁은 조선 땅에 맞지 않았다. 상징적인 의미에서 유배형에 맞는 거리를 채우기 위해 유배지까지 에둘러서 구불구불 가는 곡행(曲行)이란 편법을 쓰기도 하였다. 세종조에 들어서야 죄에 따라 3등급으로 나뉜 거리가 조선의 실정에 맞게 정해졌다.

조선시대 유배지는 전국적으로 400여 곳에 달했으며 유배지 가운데 가장 먼 곳은 제주였다. 조선시대 법전인 『대전회통』에 따르면 "제주에는 죄명이 특히 중한 자가 아니면 유배시켜서는 안 된다"라고 명시되어 제주에는 주로 중죄인이 유배된 것으로 보인다.

제주의 유배인은 섬에 가두는 절도안치(도배, 島配)에 처해졌다. 죄가 중한 유배인에게는 가시나무 울타리를 둘러 외부와의 접촉을 차단하는 위리안치(圍籬安置)로 구분되는 유배형이 주어지는 경우도 있었다. 위리안치는 유배인을 가두기 위해 집 둘레를 가시울타리로 두르는 유배형을 말한다.

제주에 유배인이 도착하면 자유로웠다. 이런 자유로움으로 인해 유배인들은 제주에서 조선시대 유학자로서의 책무로 교육을 하거나 자신의 예술을 더욱 심화시켜 독특한 유배문화를 만들어 냈다.

　조선조 500년 동안 제주에는 260여 명의 유배인이 거쳐 간 것으로 추정되고 있다.

　김재형은 제주대학교 대학원 사학과 석사논문에서 『조선왕조실록』, 『승정원일기』, 『비변사등록』, 『일성록』 등을 참고해 조선시대 유배인을 조사했더니 제주목, 대정현, 정의현, 추자도 등에서 261명의 유배인이 조사되었다고 밝히고 있다.

　유배살이는 고려시대 죄를 지은 관리를 고향으로 내려보내 정계에 복귀하지 못하게 내쫓는 귀향형에서 유래되어 '귀양살이'라 하였다. 특히 제주에서는 게으름뱅이를 제주어로 간세다리(엄살꾼)라 불렀던 것처럼 유배인을 가리켜 '귀양다리'라 하였다. '귀양다리'는 조선시대, 귀양살이하는 사람을 업신여겨 이르는 말이었다. 국어사전에서 '귀양다리'를 찾아보면 '예전에, 귀양살이하는 사람을 업신여겨 이르던 말'(민중서림)이거나 '귀양살이하는 사람'(성안당)으로 풀이되어 있다.

　유배인들은 전라남도 해남, 강진, 이진, 영암 등에서 출발해 제주시 화북포구와 조천포구를 거쳐 제주에 도착하였다. 조천포구에는 유배인이 북녘의 임금을 그리워하는 정자 연북정(戀北亭)이 있다. 조선시대만 해도 제주의 관문은 조천포구이었다. 자신을 유배보낸 북쪽의 임금을 향한 그리움과 고향에 두고 온 가족들에 대한 그리움이 연북정이란 이름 속에 담겨 있다. 연북정은 건립될 당시에는 쌍벽정(雙璧亭)이라 하였지만 선조 32년인 1599년 제주목사 성윤문(成允文)이 정자 건물을 다시 고쳐 연북정이라 이름을 바꿨다고 전해진다. 연북정은 조천과 함덕을 잇는 해안도로의 초입에 위치해 유배인들의 비운의 시간을 전하고 있다.

조천은 제주공항을 낀 제주시를 벗어나 동쪽으로 가는 도로의 초반부에 위치한 마을이다. 다른 지역과 제주를 잇는 제주공항에서 출발하면 용담동과 제주시 옛 중심지였던 중앙로를 거친다. 현재는 예전만 못하지만 불과 30여 년 전만 해도 중앙로 상권은 대단하였다. 관덕정과 동문로터리 사이에는 옷가게, 약국, 안경점, 신발가게, 영화관이 있었다. 또 골목길에는 주점이 위치해 당시 대학생들의 이야기를 풀어 놓는 청춘의 장소가 되었다. 왕김밥으로 대표되는 분식점에서 남녀 고등학생들은 수줍은 미팅을 하였다. 대학생은 탑동광장에서 소줏집보다 싼 소주를 마시면서 미래를 이야기하였다. 하지만 시대의 흐름과 함께 상권은 한라산 방향으로 올라갔다. 대학생과 청소년들은 제주시청 인근으로 활동지를 옮겼다. 중앙로는 여전히 명맥을 유지하고 있다. 동문시장과 지하상가는 중국인 관광객들의 필수 코스가 되어 새로운 전환점을 맞고 있다.

갑갑한 도시를 벗어나 밭들이 늘어선 삼양동과 조천읍의 경계를 지나 바다 쪽으로 길을 향하다 보면 조천읍의 중심지인 '조천'과 마주한다. 유배인이 북쪽 하늘을 하염없이 바라봤던 연북정은 조천에 위치해 있다. 유배인이 그랬듯이 한 걸음 한 걸음 돌계단을 이용해 오르면 바다와 별도봉을 훤하게 볼 수 있다. 연북정 마루에 앉으면 제주 특유의 바닷바람이 여행객의 머릿결을 유혹하듯 매만진다. 흰 파도를 넘어 바다 저편에 있는 임금을 그리워하던, 바다 저편 한반도에서의 추억을 그리워할 만하다.

▲ 제주의 옛 관문인 조천포구에 세워져 있는 연북정(戀北亭).

　유배인은 연북정이 있는 조천포구에 도착해 큰 바다를 건넌 고
달픈 육체를 잠시 쉬었다가 제주목관아에서 목사에게 죄인 신고를
한 후 유배지로 향하였으리라.

　제주 오현으로 추앙받고 있는 5명 가운데 충암 김정(金淨, 중종
시대), 우암 송시열(宋時烈, 숙종시대), 정온(鄭蘊, 광해군시대) 등 3
명이 유배인이다. 유배인이 제주의 지식인 사회에 적지 않은 영향
을 끼쳤음을 드러내는 대목이다.

　제주에 유배 왔던 유배인들의 사연을 보면 저마다 가슴속에 큰
멍울로 맺힌 한을 품고 있다.

　임진왜란 후 대동법을 시행하고 실리외교를 폈던 조선 제15대
임금 광해군(光海君)은 제주에서 파란만장한 생을 마감하였다.

경주이씨 국당공파 제주입도조 이익(李瀷), 김해김씨 사군파 입도조 김응주(金膺珠), 김해김씨 좌정승공파 입도조 김만희(金萬希), 청주한씨 입도조 한천(韓蕆), 고부이씨 입도조 이세번(李世蕃) 등 유배인들은 제주여인과 가정을 이루거나 같이 온 가족이 제주에 정착해 제주의 성씨를 다채롭게 하는 데 기여하였다.

인목왕후의 어머니 노씨부인(盧氏夫人)은 여성 유배인으로 술을 빚어 팔았다고 전해진다. 노씨부인이 빚은 술은 모주(母酒)라고 하였다. 조정철(趙貞喆)은 제주여인 홍윤애와 비운의 사랑을 간직한 채 유배인 신분으로 제주를 찾았다. 세월이 흐른 후 제주목사가 되어 다시 제주를 찾은 인물이다. 한말 대표적인 지식인 김윤식(金允植)은 유배인들과 제주인이 참가하는 시회(詩會) '귤원'(橘園)을 주도해 제주의 문화계를 자극하였다.

추사(秋史) 김정희(金正喜)는 제주에서의 유배생활 9년 동안 학문 활동과 제자를 양성하는 데 힘쓰는 한편 유배지에서의 자신의 처지를 담은 국보 제180호 '세한도'와 제주 유배문화의 산물로 김정희만의 독특한 서체인 추사체를 완성하였다. 승려 보우(普雨), 천주교도 정난주(丁蘭珠)는 각각 유배지 제주에서 사연 많은 생을 마감하였다.

조선왕조 탄생과 지식인의 고뇌

02. 두 임금을 섬기지 않는다: 한천/김만희/이미

두 임금을 섬기지 않는다는 '불사이군'(不事二君)은 고려 말과 조선 초기의 당대 지식인들이 신봉하던 성리학적 의리 사상에 기반을 두고 있다. 고려 말 개혁의 바람은 위화도에서 시작하였다. 명나라 요동을 정벌하기 위해 압록강 위화도에서 진을 치고 있던 고려 장수 이성계가 군대를 돌려 개경을 함락하고 475년의 고려 왕조를 허물고 조선을 건국한 때는 1392년 상황이다. 불사이군의 선비정신으로 새 왕조에 동참하지 않은 당대 지식인들은 일종의 정치적 추방인 유배를 떠나야만 하였다. 유배인으로서 제주에 정착해 제주의 성씨를 다채롭게 했던 한천, 김만희, 이미를 두고 제주에 유배 왔던 삼절신(三節臣)이라 일컫는다. 이들은 두 임금을 섬기지 않는 불사이군의 절개를 지켰던 것이다. 특히 이들은 제주에서의 유배생활 동안 교육에 힘썼다.

한천, 김만희, 이미 등 삼절신과 함께 태종조에 제주와 인연을 맺었던 강영을 포함해 '제주 4현'이라 칭하기도 한다. '제주 4현'은 왕조가 바뀌던 혼란한 시대에 불사이군이란 큰 맥락을 여실히 드

▲ 600여 년 전 제주에 유배왔던 삼절신의 한 명인 한천이 제주로 유배 와 깊은 산골인 표선면 가시리에 정착하였다. 한천의 교육열에 대해 면암 최익현(崔益鉉)이 쓴 비문을 한글로 쉽게 풀어 쓴 한천택 전 청주한씨 제주문중회장이 비문을 가리키고 있다.

러내는 인물들이다. 당대, 새로운 왕조를 건립해 권력을 쥐고 있던 조선과 이들은 극과 극을 달렸다. 때문에 이들의 공이 과소평가되거나 전해지는 사료가 많지 않은 사실로 미루어 역사는 승자들의 기록이라는 말이 회자되는 듯하다.

| 가시리에 정착한 한천 |

1392년 한천(韓蕆)은 62세 초로의 나이로 유형의 섬 제주를 찾는다. 한천은 아들 둘과 부인(광산김씨)과 함께 현재의 제주도 표선

면 가시리에 정착하였다. 나라가 바뀌는 조선 초기인지라 유배형은 그야말로 격리를 의미하였다. 한천은 새 왕조가 둥지를 튼 서울과 가장 먼 제주로 추방된 것이었다. 가시리 마을지와 마을회관 앞 빗돌에 새겨진 설촌 유래를 통해 보면 당시 한천 가족이 정착했던 가시리는 사람이 살지 않는 깊은 산골이었던 것으로 보인다.

하지만 가시리 근처에 위치한 안좌동은 이보다 100여 년 전에 설촌되었다는 설이 있다.

한천이 고려 예문관 대제학을 지낸 학자라는 것이 알려져 이웃마을 등에서 학문을 배우겠다는 유생들이 가시리를 찾았다. 이로 인해 한천 주위에 사람들이 모여들어 마을이 형성되었다. 600여 년이 흐른 현재에까지 한천이 기거하며 생활하던 가시리 지명에는 옛 흔적들이 이름으로 남아 있다. 옛 흔적들은 '서당밭'(서당이 있던 밭), '동박나무집터'(동백나무로 둘러싸인 집터) 등으로 불렸다고 전해지고 있다. 한천은 600여 년 전 제주 가시리에서 서당을 열어 성리학을 가르치고 향약을 만드는 등 후학을 양성했던 것이다.

한천은 유배가 풀린 뒤에도 절해고도의 섬 제주에 남아 청주한씨 입도조가 되었다. 현재 한천의 후손 1만여 명이 제주 전역에 퍼져 있다. 한천은 가시리에 정착한 지 11년 만인 1403년 73세의 나이로 생을 마감하였다. 한천은 두 아들에게 유언을 남겼다고 한다.

"지방에 흩어져서 살고 큰 벼슬길에는 나서지 마라"

왕조의 변화를 겪은 지식인의 고뇌가 담긴 비장한 유언이다.

한천을 높이 평가한 것은 조선 말기의 의병장이었던 면암 최익현이었다. 1870년대(고종) 제주에 유배 왔던 최익현은 유배에서 풀려나 제주도를 유람하였다. 최익현은 한천의 흔적을 찾아 가시리를 방문하였다.

"지금으로부터 500여 년 전에 공이 이곳에 사셨는데 침실과 집 울타리, 부엌과 마구간, 서재와 점당 등이 있었던 위치를 옛 노인들이 하나하나 똑똑하게 지적하고 있다. (……) 또, 공이 이곳에 온 후에 후진들의 교육을 자기 소임으로 삼았으며 제자들의 근면과 태만 및 잘하고 못하는 것을 반드시 점검하였다. 이른바 '서당터', '점당터' 등이 바로 그 자리였었다."

면암 최익현이 쓴 '서재한공유허비명'에 전해지는 구절이다. 이 기록을 보면 600여 년 전 가시리 서당에서 한천이 제주의 유생을 가르쳤던 것으로 보인다.

가시리 설오름에 위치한 청주한씨 방묘는 판석으로 석곽을 조성한 후 봉분을 방형으로 마무리한 고려 말에서 조선 초기의 방형석곽묘 양식의 원형을 유지하고 있다. 제주특별자치도 기념물 제60-2호로 지정 보호되고 있다.

정석비행장 인근에 자리 잡은 가시리에는 폐교된 가시분교장을 활용해 운영 중인 사진작가 서재철 씨의 갤러리 '자연사랑'이 있어 관광객들이 간혹 방문하고 있다.

| 애월읍 곽지리에 정착한 김만희 |

김해김씨 좌정승공파 입도조 김만희(金萬希)가 제주에 유배된 때는 조선 건국 초기인 1393년이다. 김만희는 고려 공양왕 때 도첨의 좌정승을 지낸 정치인이다. 불사이군의 충절을 지킨 끝에 제주에

유배되어 제주와 인연을 맺게 되었다.

가락국 태조 김수로왕의 51세손인 김만희는 애월포를 통해 제주에 도착, 곽지에 머물렀다. 81세라는 고령의 나이로 유배형에 처해진 김만희는 곽지 기암기슭(곽지암·과오름)에 초가를 지어 은거하였다. 은거생활을 했던 김만희는 주경야독(晝耕夜讀)을 하며 주위 사람들에게 충효의 길과 사람의 정도를 가르쳤다.

손자 김예와 함께 유배 길에 올랐던 김만희는 11년 만에 귀향(토산-황해도 금천군)하였다. 손자 김예가 홀로 제주에 남았다. 김예는 가정을 꾸려 제주에 정착하였다.

김해김씨 좌정승공파 종친회는 과오름 기슭에 비를 세워 김만희의 제주생활을 기록하고 있다. 사람으로서 살아가는 도리를 교육했던 김만희의 시대정신을 전하고 있다. 과오름은 애월의 대표적인 오름이다. 오름은 제주에 널리 분포한 기생화산을 말한다. 애월읍의 중심지인 애월리 애월항에서 바다를 등지고 한라산 방향으로 보면 야트막한 과오름이 들어서 있다. 과오름 기슭에는 김해김씨 좌정승공파 제주입도조 김만희를 기리는 기념비가 세워져 있다. 김만희 기념비는 곽지해수욕장에서 가까운 거리에 있다. 곽지해수욕장에서 한라산 방향으로 보이는 오름이 과오름이다. 제주시에서 제주도 일주도로를 따라 서쪽으로 향하다가 애월읍 사무소를 거쳐 한림 방향으로 향하면 해수욕장이 나타나는데, 이 해수욕장이 바로 곽지해수욕장이다. 곽지해수욕장 입구에서 바다 반대 방향으로 올라가면 김만희의 제주 행적을 기록한 기념비를 만날 수 있다. 김해김씨 좌정승공파 제주입도조의 성역은 후손들에 의해 만들어졌다.

▲ 애월항에서 바라본 과오름. 600여 년 전 고려의 좌정승이었던 김만희는 불사이군의 충절을 안고 당시 애월포를 통해 제주에 유배 와 제주 문화에 적지 않은 영향을 미쳤다. 김만희의 망국(亡國)의 한만큼이나 바다와 하늘이 푸른빛을 더하고 있다.

『가락제주-좌정승공파편』을 보면 2010년 KBS 1TV를 통해 안방에 방영됐던 <거상 김만덕>의 주인공인 김만덕(金萬德)은 김만희의 15세 손녀다.

김만덕은 정조시대인 1790년대 제주에 5년간 흉년이 들자 1,000금을 내놓아 백성을 구휼하였다. 이 공로로 정조 임금은 김만덕을 궁궐로 불러들여 의녀반수의 직을 내렸다. 헌종 때 제주에 유배되었던 추사 김정희는 김만덕의 양자 김종주에게 '은광연세'(恩光衍世·은혜로운 빛이 길이 이어진다)라는 글을 써 주었다고 한다. 은광연세 편액은 지난 2010년 5월 김만덕 가문의 6대손 김균 씨에 의해 (사)김만덕기념사업회에 기증되었다. 이 은광연세 편액은 국립제주박물관에 전시되어 관광객과 제주도민들에게 김만덕의 나눔 정신을 전하고 있다.

| 제주시 외도에 은거한 이미 |

고려 말의 대학자 이제현의 증손 이미(李美)는 왕조가 바뀌자 초
야에 묻혀 살다가 태종 1년인 1401년 조정에서 교리(校理·종 5품)
벼슬을 주겠다고 하자 이를 거절해 불사이군의 충절을 지켰다. 이
때문에 이미는 제주에 유배된다. 경주이씨 익재공파 제주입도조
이미는 제주시 외도에 살면서 후학 양성에 힘썼다. 불사이군의 선
비 정신을 담은 이미의 시가 전해져 망국 지식인의 애틋함을 보여
주고 있다.

> 바다의 섬이 비록 누추하다고 말하지만
> 이곳도 나라의 영토가 아닐 수 없네.
> 이 마음속에는 옛 임금을 우러러볼지언정
> 어찌 두 마음 가진 사람이 되기를 즐기랴.

이미의 형 이신은 세종 2년인 1420년 5월 제주목사(제주도안무
사)가 되어 제주에 유배된 동생 이미를 설득했지만, 끝내 불사이군
을 택해 이미는 제주에 정착하였다. 이신은 결국 1420년 11월 제주
목사직을 사직하고 동생을 남겨 둔 채 제주를 떠났다.

망망대해를 항해하다 제주섬을 바라보며 만나게 되는 무인도 관탈섬. 추자도와 제주도 사이에 위치해 있다. 유배인들이 이곳에서 관복을 벗었다고 해서 관탈섬이라고 알려져 있다. 제주시 사라봉에서 본 관탈섬.

제주여인과 새로운 인연을 맺다

03. 성씨를 다채롭게 하다: 강영/이익/박승조

유배는 제주의 성씨를 다채롭게 하였다. 절해고도의 섬, 제주에 유배 온 일부 조선시대 지식인들은 제주에서 현지 여인과 새로운 인연을 맺고 후손을 낳았다. 유배인은 유배에서 풀려나 제주를 떠났지만 처와 후손은 유배인을 따라가지 않고 제주에 남아 가계를 이어 갔다. 유배인들과 제주여인들과의 관계는 조선시대에는 관행이었던 것으로 보인다.

| 신천강씨 제주입도조 강영 |

조선 태조의 두 번째 부인 신덕왕후 강 씨는 강영(康永)과 사촌 지간이었다. 방원(태종)이 일으킨 두 차례 왕자의 난(1398년, 1400년)과 조사의의 난(1402년)으로 신덕왕후 강 씨와 가까운 친척들이 피해를 입는다.

신덕왕후 강 씨와 사촌 지간인 강영은 새로운 왕조의 왕권다툼의 틈바구니 속에서 태종 2년(1402년) 제주도 함덕에 유배되어 제주여인(제주고씨)과 인연을 맺고 가정을 꾸려 세 아들을 낳고 신천강씨 제주입도조가 된다.

강영이 제주에 유배 왔다는 이야기는 제주 인물사를 다룬 대부분의 책자에 나온 이야기다. 하지만 신천강씨 제주도종친회 운영위원인 강태전 씨는 이와는 다른 이야기를 들려줬다. 그에 따르면 당시 연좌제에 의해 역신으로 몰려 죽음 직전까지 이르자 신천강씨 제주입도조 강영은 신분을 속이고 제주로 피신하였다는 것이다. 종친회의 해석은 강영이 제주를 찾은 것은 유배가 아니라 피신이라는 것이다. 세종 25년(1443년) 기건 제주목사는 강영의 무덤을 찾아 지석을 쓴다. 이를 지난 1937년 조천읍 조천리 방묘에서 발견하였다. 지석에는 "신천 강영 감사는 1442년 자취를 감추었으며 정·복·만 세 아들을 두었는데 충의가 있었다"라고 기록되어 있다.

강영은 고려 말 최영 장군과 함께 왜구를 물리치는 활약을 펼쳤던 고려의 공신이었다. 강영은 제주도와 추자도 사이의 고즈넉한 섬인 관탈섬의 명칭과 밀접한 관계가 있다는 설이 있다. 신천강씨 종친회에 따르면 강영이 벼슬을 버리고 제주도로 피신해 오다 제주가 보이는 관탈섬에 이르자 "이제 관복을 벗고 평민으로 돌아가겠다"고 하였다고 전해진다. 이후 추자도와 제주도 사이에 우뚝 솟은 바위섬은 '관탈'이라 불렸다는 것이다. '관탈'이란 명칭에는 두 가지 의미가 전해진다. 한자 뜻 그대로 하면 갓끈을 벗는다는 의미가 있다. 또 넓은 의미에서 관복을 벗는다는 의미도 지니고 있다.

▲ 신천강씨 제주입도조 강영과 김해김씨 사군파 제주입도조 김응주가 제주를 찾았던 함덕포구.

| 경주이씨 국당공파 입도조 이익 |

간옹(艮翁) 이익(李瀷)은 광해군 때(1618년) 인목대비를 폐모시킨 것에 반대하는 상소를 올렸다가 제주에 유배된다. 광해군 때 문과 시험을 통해 벼슬에 오른 지식인으로서 제주에서의 유배기간 동안 후학 양성에 힘썼다. 김진용, 고홍진 등 명망 있는 제자들을 배출 하였다. 이익은 제주 남원읍 의귀리 출신의 헌마 공신 김만일의 딸 을 부인으로 맞아들여 아들 이인제를 낳았다. 이로써 이익은 경주

이씨 국당공파 제주입도조가 되었다. 인조반정으로 광해군이 쫓겨나자 이익은 조정으로 복귀하지만 제주여인과 아들은 제주에 남았다. 이익의 후손들은 오라동을 중심으로 번성해 제주문벌을 이뤘다. 구한말 한학자 이기온은 한말의 의병장 최익현이 제주에 유배왔을 때 깊은 인연을 맺어 한라산을 같이 오르기도 하였다.

최익현과 이기온은 한라산에 오르기 전 방선문을 방문해 그들의 이름 석 자를 바위 위에 남겨 놓았다. 방선문은 자연이 만들어 낸 계곡으로 평상시에는 물이 흐르지 않다가 비가 오면 한라산 산정으로부터 흘러내린 물이 큰 내를 이룬다. 장마나 태풍 때면 한라산 정상에서부터 흘러내린 물이 바닷가 지역마을에 큰 피해를 주기도 한다. 지난 2007년 9월 태풍 '나리'가 제주를 할퀼 때 제주시 용담동 해안지역에 자리 잡은 마을이 수해 피해를 입었다. 방선문계곡 상류에는 저류지가 건설되어 수해 피해에 대비하고 있다.

▼ 간옹 이익의 후손인 이기온과 이응호는 후학 양성에 힘썼다. 제주시 연동 제주도청 인근에 팽나무, 해송 등 고목과 함께 문연서당터가 남아 있다.

이기온은 후학 양성에 힘썼다. 이기온은 현재의 제주특별자치도청 인근에 칠봉서당을 창설해 후학을 양성하였다. 칠봉서당이 화재로 소실되자 아들 이응호가 문연서당을 세워 제자를 배출하였다. 문연서당은 팽나무, 해송 등 고목과 함께 현재의 제주시 연동에 위치한 제주특별자치도청, 제주특별자치도교육청 인근에 터가 남아 있다.

| 밀양박씨 연안공파 입도조의 부친 박승조 |

인조반정이 있자 광해군 때 영의정이던 박승종은 아들과 함께 자결하고 동생 박승조(朴承祖)는 1623년 제주 곽지에 유배되었다. 박승조는 막내아들 박자호와 함께 유배생활을 한 후 1635년 유배에서 풀려난다. 하지만 제주여인과 결혼한 박자호는 그대로 제주에 남아 밀양박씨 연안공파 제주입도조가 된다.

이 같은 박승조의 제주 유배 이야기는 제주 인물사를 다룬 대부분 책자의 이야기다.

밀양박씨 연안공파 제주종친회의 입장은 사뭇 다르다. 박승조는 선조 때 제주에서 제주목교수관을 지냈으며 제주여인(나주김씨)을 만나 아들 자호를 낳아 가계가 이어졌다고 제주종친회는 후손들에게 전하고 있다. 종친회 입장에서는 박승조는 유배인이 아니라는 입장이다. 박승조가 연안부사를 지냈다고 해서 밀양박씨 연안공파가 되었다. 종친회에 따르면 박승조는 곽지에서 살았던 것이 아니라 제주목 성안(옛 제주대학교병원 터 인근)에 거주했던 것으로 추정된다.

박자호의 묘는 오늘날의 오현고 정문 인근에 위치하다 지난

1907년 고내봉에 이묘되었다. 애월읍 고내봉에는 현재 밀양박씨 연안공파 제주입도조 묘역이 자리 잡고 있다. 박승조를 기리는 '통정대부 연안부사 박공 승조 망묘단비'가 세워져 있다. 이 망묘단비는 한학자 이응호가 1945년 봄에 썼다고 기록되어 있다.

밀양박씨 연안공파 제주도종친회 박홍학 총무이사에 따르면 제주도에 거주하는 연안공파의 후손들은 2,500여 명에 이른다고 한다.

제주에 유배 와서 제주여인 홍윤애와 비극적인 사랑을 했던 조정철의 딸은 박승조의 후손인 박수영과 혼인하였다고 한다. 현재까지도 홍윤애의 묘는 밀양박씨 후손들이 돌보고 있다.

박자호의 묘가 있는 밀양박씨 연안공파 입도조 묘역은 애월읍에 자리 잡은 기생화산인 고내봉에 위치해 있어 자연을 벗 삼아 걷는 사람들이 스쳐 지나가기도 한다. 사람의 인연이라는 것이 묘해서 박승조가 유배라는 형벌로 제주에 왔건, 생계를 위해 제주에 왔건 제주와 운명의 인연을 맺었다. 운명은, 숙명이 되어 후손들은 제주의 구성원으로서 당당하게 살아가고 있다. 밀양박씨 연안공파 입도조 묘역은 걷기 열풍과 함께 인기를 끌고 있는 제주올레 코스의 하나인 제주올레 15코스에 자리 잡아 제주를 찾은 관광객들과 가까이하고 있다.

| 김해김씨 사군파 입도조 김응주 |
| 김해김씨 양의공파 입도조 김예보 |

김응주(金膺珠)는 광해군 시대 당쟁(김직재 옥사)과 연루되어 제주에 유배되었다. 김응주가 도착한 곳은 함덕포였다. 조카뻘 되는

김여수 제주목사가 제주에 부임(1647년), 김응주를 도왔다고 전해진다. 김응주는 제주여인과 인연을 맺어 후손을 낳아 김해김씨 사군파 제주입도조가 된다.

김해김씨 양의공파 제주입도조 김예보(金禮寶)는 숙종 때 기사환국(1689년)으로 제주에 유배되었다. 이후 유배가 풀리지만 지식인으로서 정계에 환멸을 느껴 제주에 정착하였다.

물 좋고 경치 좋은 제주는 유배지였다

04. 가족이 연달아 유배되다: 김진구/김춘택/임징하

조선조 제19대 임금 숙종은 부인 복이 없는 군주였다. 숙종은 효종, 현종에 이은 3대 독자다. 숙종은 태어나 15세의 어린 나이에 임금에 오른다. 숙종의 첫째 왕비는 『구운몽』을 쓴 김만중의 형인 김만기의 딸로 인경왕후였다. 하지만 천연두를 앓아 숙종 7년에 숨지고 만다. 인경왕후는 숙종과의 사이에 공주만 둘 낳았지만 모두 돌을 넘기지 못한 것으로 기록되고 있다. 숙종은 인현왕후 민 씨를 왕비로 맞는다. 인현왕후와 장희빈 간의 역사의 소용돌이로 인경왕후의 오빠 김진구와 그의 아들 김춘택이 제주에 유배되었으며 또 영조 때 김진구의 사위 임징하가 제주에 유배되는 비운의 가족사를 겪는다.

| 가락천 인근에 유배지를 뒀던 김진구 |

김진구(金鎭龜)는 인경왕후의 아버지인 광성부원군 김만기의 맏아들이다. 숙종 6년(1680년) 문과에 급제해 형·공·호 삼조의 판서 등 요직을 역임하였다. 6조는 이조(吏曹)·호조(戶曹)·예조(禮曹)·병조(兵曹)·형조(刑曹)·공조(工曹) 등으로 현재의 중앙관청이다. 판서는 각 조의 수장으로 현재로 말하면 장관이라 할 수 있다. 경복궁의 정문이었던 서울의 광화문 앞에는 6조 거리가 형성되어 조선시대 최고의 정책기구였던 6조의 위엄을 전하고 있다.

숙종이 두 번째로 맞이한 인현왕후 민 씨는 오랫동안 자식이 없었다. 숙종은 궁녀 장소의(장희빈)와 가까이 지내, 숙종 14년(1688년) 아들 윤(훗날 경종)을 얻는다. 숙종은 총애하던 장소의의 아들을 세자로 책봉하고 장소의는 희빈으로 승격되어 중전에 오른다. 때문에 중전이던 민 씨는 1689년 폐위된다. 이후 희빈 장 씨는 왕비로 책립되었다. 세자 책봉의 이면에는 정치적인 밑바탕이 깔려 있었다. 남인과 서인의 당쟁 소용돌이에서 세자 책봉의 부당성을 주장하던 당시의 집권 세력인 서인이 정치 일선에서 물러나고 남인이 정계의 주도권을 잡게 되었다. 서인의 영수 우암 송시열이 제주에 유배되는 등 이와 관련된 일련의 사건을 기사환국이라고 한다.

김진구는 기사환국에 연루되어 제주에서 귀양살이를 한다. 김진구의 유배지는 제주성 내 가락천(가락쿳물, 현재 제주시 귤림서원 옛터 또는 오현단 인근) 인근의 주기(州妓) 오진(吳眞)의 집에 유배되었다. 김진구의 유배지 처소는 현재의 제주시 산지천 근처에 위치한 제주시 동문시장 인근인 것으로 추정되고 있다. 김진구의 나이 39세 때의 일이다. 김진구는 1689년부터 1694년까지 5년간 제주에서의 유배생활 동안 교육에 힘썼다. 제주에서 이중발, 오정빈, 고만첨 등 제자를 배출하였다. 이중발은 광해군조 제주에 유배 온 유배인 간옹 이익의 후손이다.

▲ 옛 귤림서원(현재 제주시 오현단) 인근에 있던 가락쿳물(가락천) 인근의 현재 모습. 남수각 주차장이 들어서 있으며 이 일대는 조선조 유배인들이 많이 거주했던 것으로 알려지고 있다.

숙종 20년(1694년) 갑술환국이 일어난다. 폐비 민 씨가 복위되고 중전 장 씨가 희빈으로 강등되는 사건이다. 이로 인해 남인이 정계에서 물러나고 서인이 정권을 잡는다.

| 김진구의 맏아들 김춘택 |

북헌 김춘택(金春澤)은 김진구의 맏아들로 폐비 민 씨 복위 운동을 주도했던 인물이다. 인현왕후가 복위되지만 숙종 27년(1701년) 김춘택은 인현왕후의 모살사건과 얽혀 세자를 모해하려 하였다는

무고를 당해 부안에 유배되었다. 김춘택은 숙종 32년(1706년) 제주로 유배지를 옮기게 된다. 김춘택의 유배지는 가락천 인근 김진구의 유배 터였다.

> 황량한 옛터를 가리키며 여기가 김씨 두 세대가 유배 와 살던 곳이라고 하게 될 것이다. 그러나 내 마음이 이와 같음은 상상해서 그다음 시대에 관계있던 곳을 찾아보려는 사람이 있다면, 집을 역시몰라서는 안 될 것이다. 집은 동문안 1리쯤에 있고, 가락굿물이 그앞을 지나고 있으므로 동네를 동천이라고 이름 하는데, 창을 열면한라산이 보이고 서쪽마당에는 밀감나무가 있고 북쪽은 대나무가무더기를 이루고, 집 주인은 주기인 오진이다(김춘택, 「제주 동천에서 유배살이 기」).

김춘택은 유배수필 「제주 동천에서 유배살이 기」에서 "집은 동문안 1리쯤에 있고, 가락굿물이 그 앞을 지나고 있으므로 동네를 동천이라고 이름 하는데, 창을 열면 한라산이 보이고 서쪽 마당에는 밀감나무가 있고 북쪽은 대나무가 무더기를 이루고"라고 제주유배의 행적을 기록하고 있다.

김춘택은 시문에 능하였다. 서포 김만중의 소설 『구운몽』과 『사씨남정기』를 한문으로 번역하였다. 저서로는 『북헌집』이 있으며가사 '별사미인곡'을 창작해 송강 정철의 '사미인곡'과 '속미인곡'에 답하였다. 제주에 유배 온 김춘택은 그의 아버지 김진구의 제자들과 교류하였다. 김춘택은 산지촌으로 유배지 처소를 옮겼다가다시 남문 인근으로 옮겼다.

1727년 대정현 감산리(현 안덕면 감산리)에는 김진구의 사위이자 김춘택의 매제 임징하가 유배되었다.

옛 굴림서원 아래쪽에 쏟아져 나오던 가락쿳물은 인근에 제주칼호텔이 지어지며 물이 말랐다고 지역 주민들은 말하고 있다.

고갑진(2010년 당시 75세·제주시 이도1동) 씨는 "용천수처럼 땅에서 물이 솟아올랐다. 가락쿳물, 가락천이라고도 하였다. 은어도 올라와 어릴 때 잡곤 하였다"며 "제주칼호텔이 지어진 후 물이 나오지 않았다"고 하였다. 굴림서원 인근에 유배인이 많이 살았던 것도 기억하고 있었다. 고 씨는 "동네 이름도 무슨 무슨 적거지로 되어 있었지만 새 주소가 도입되어 모두 바뀌었다"고 시대의 변화를 웅변하였다.

| 김진구의 사위 임징하 |

한때 숙종의 사랑이었던 장희빈의 아들은 조선조 20대 임금에 오른다. 훗날 경종이라고 기록되었다. 하지만 경종은 몸이 허약하였다. 1720년 33세로 임금에 오른 경종은 단의왕후 심 씨와 선의왕후 어 씨를 맞이하지만 자식 없이 37세에 인생을 마감하였다. 뒤를 이어 왕위에 오른 숙종의 후궁 숙빈 최 씨의 아들 연잉군이 21대 임금 영조다. 숙종은 장희빈의 사례를 들어 궁녀에서 왕비로 오르지 못하게 하는 법을 만들었기에 숙빈 최 씨는 왕후가 될 수 없었다. 숙빈 최 씨 이야기는 2010년 MBC 드라마 <동이>로 안방극장을 찾아 대중에게 친숙하다. 드라마 속 동이가 숙빈 최 씨다. 숙종의 여인들의 이야기는 종종 텔레비전 드라마로 만들어진다. 주인공이 누구냐가 다르다. 장희빈이 주인공이면 장희빈, 인현왕후가

▲ 서귀포시 안덕면 감산리에 위치한 안덕계곡. 깊은 기암절벽을 지녔으며 계곡 바닥의 암반에 물이 흐르는 것과 함께 300여 종의 식물이 분포하고 있다. 영조 때 임징하가 감산리에서 유배생활을 했으며 추사 김정희가 안덕계곡에 들렀던 것으로 알려지고 있다.

주인공이면 인현왕후, 숙빈 최 씨가 주인공이면 숙빈 최 씨 배역에 당대 최고의 여자 연기자를 기용해 안방의 시청자들을 격정적인 조선왕실로 이끈다. 한편, 일설에 숙빈 최 씨는 제주에 유배 왔던 김춘택 집안의 몸종이었던 것으로 알려지고 있다.

영조는 즉위하자 각 정파의 인재를 고루 등용하는 탕평책을 폈다. 영조의 탕평책을 반대하다 노론의 임징하(영조 때 장령으로 등용된 인물)가 제주에 유배된다. 노론은 조선 후기의 정파 중 하나로, 서인이 노론과 소론으로 붕당되었다. 임징하는 영조 때 장령으로 등용된 인물이다. 장령은 조선시대 감찰업무를 담당하던 관직이었다.

서재 임징하(任徵夏)는 영조 3년(1727년) 별도포(현재 제주시 화북포구)를 통해 제주에 온 후 대정현 감산리(현재 안덕면 감산리)에 위리안치되었다. 임징하의 유배 길은 험난하였다. 평안도 순안에서 제주로 이배되었다. 유배지인 평안도 순안에서 출발해 40여 일 만에 제주에 도착하였다. 순안－송도－서울－전라도 만경－나주－영암－강진을 거쳐 화북포구를 통해 제주에 도착하였다.

1728년 한양으로 압송되고 고문 끝에 결국 옥사한다.

임징하가 유배됐던 감산리는 물 좋고 경치가 수려한 안덕계곡을 끼고 있다. 추사 김정희는 제주 귀양살이 중에 물 때문에 안덕계곡을 찾았던 것으로 알려져 있다. 임징하의 5대손 임헌희는 서재 임징하의 글을 모아 『서재집』을 발간하였다. 철종 3년(1862년) 임징하의 5대손 임헌대는 제주목사로 부임해 감산리에 '서재임선생적려유허비'를 세웠다. 이 유허비는 감산리 유배지인 속칭 묵은터에 있다가 1997년 안덕계곡 매표소 앞으로 옮겨졌으며 지난 2004년에는 안덕계곡 인근에 위치한 감산리 복지회관으로 옮겨졌다.

광해, 제주에서 비운의 눈물 흘리다

05. 나는 왕이로소이다: 광해군

　제주에는 예로부터 음력 7월 초하룻날에는 비가 내린다는 속설이 전해지고 있다. 조선조 제15대 임금 광해군은 인조 17년(1641년) 7월 1일 유형의 땅 제주에서 파란만장한 생을 마감하였다. 세자로서 임진왜란을 겪은 광해군은 유배인으로서 병자호란(1636년)을 맞아야 하였다. 명나라와 후금(청나라의 전신) 사이에서 실리외교를 폈던 광해군을 폐륜 군주로 몰아 왕위에 오른 인조는 삼전도(현 서울시 송파구 삼전동)에서 청 태종 앞에 나와 세 번 절하고 아홉 번 머리를 숙이는 굴욕적인 항복을 하였다. 광해군은 동생을 죽이고 어머니를 폐한 부정적인 측면과 실리외교를 편 임금으로서의 긍정적인 측면의 해석 등 역사적 평가에 있어 호불호 입장이 팽팽하다. 광해군에 대한 재평가 작업은 현재 진행형이다.

조선조 제15대 임금 광해군은 서인 세력이 주도한 인조반정에 의해 폐위된 후 강화도 등에서 유배생활을 하다 말년에 제주에서 유배생활을 한다. 행원풍력단지를 배경으로 광해군이 제주에 도착했던 행원포구(어등포)의 바다가 옛이야기를 전하고 있다.

| 제주에 위리안치되다 |

광해군(光海君)은 1623년 서인들이 일으킨 인조반정에 의해 왕위를 빼앗기고 길고 긴 유배 길에 올랐다. 첫 유배지는 강화도 교동이었다. 폐세자와 폐세자빈, 그리고 부인을 차례로 잃고 유배지를 몇 차례 옮겨 다닌 광해군은 1637년 제주로 유배지가 옮겨졌다. 광해군은 어등포(현재의 구좌읍 행원포구)를 통해 제주에 도착한다. 제주의 관문은 조천포구나 화북포구였지만 당시 날씨 탓으로 행원에 도착한 것으로 보인다.

> 그때, 폐주를 옮기는데, 호송하는 사람에게 엄중히 분부하여 그 가는 곳을 말하지 않고, 배 위의 4면은 모두 휘장으로 막았다가, 배가 닿는 것을 기다려 비로소 알리었다. (……) 뱃길이 험난하여 거의 죽을 뻔하기가 여러 번이었다. 배가 이미 머물러 휘장을 떼고 내리기를 청하여 제주라고 알리니, 광해가 깜짝 놀라며 크게 슬퍼하여, "내가 어찌 여기 왔느냐, 내가 어찌 왔느냐" 하였다. (……) 광해가 눈물만 뚝뚝 흘리고 말을 못 하였다(『『연려실기술』의 제주 기사」, 『탐라문화』 제15호).

'탐라순력도'를 제작한 이형상 제주목사의 『남환박물(南宦博物)』을 보면 광해군의 유배지는 제주성 서성 안에 있었으며 가시 울타리를 둘러 위리안치됐던 것으로 기록되어 있다. 숙종 28년(1702년)부터 숙종 29년(1703년)까지 제주목사를 지낸 이형상은 당시 제주를 기록한 책 『남환박물』을 냈으며 화공 김남길을 시켜 제주를 돌아본 당대 제주 순력의 기록인 그림첩 '탐라순력도'를 제작한 인물이다. 하지만 당시 제주목사로 있으면서 제주 문화 중의 하나인 당과 절을 없애는 등 민간신앙을 핍박하였다.

1641년 7월 1일 광해군은 67세로 비운의 생을 마감하였다.

> 광해가 교동에서 제주로 옮겨 갈 때에 시를 짓기를,
> 부는 바람 뿌리는 비 성문 옆 지나는 길
> 후텁지근 바다 기운 백 척으로 솟은 누각
> 창해의 파도 속에 날은 이미 어스름
> 푸른 산의 슬픈 빛은 싸늘한 가을 기운
> 돌아가고 싶어 마음, 왕손의 풀은 신물 나게 보았고
> 나그네 꿈 자주도 왕도의 물가에서 깨이네
> 고국의 존망은 소식조차 끊어지고
> 안개 낀 강 외로운 배에 누워 있구나
>
> 光海之自喬桐遷濟州也 有詩曰:
> 風吹飛雨過城頭 瘴氣薰陰百尺樓
> 滄海怒濤來薄暮 碧山愁色帶淸秋
> 歸心厭見王孫草 客夢頻驚帝子洲
> 故國存亡消息斷 烟波江上臥孤舟
> (인조실록, 인조 19년 1641년 7월 10일 기사)

조선왕조실록에는 광해군이 죽자 1641년 7월 10일자에 '광해군이 죽다'라는 기사에서 풍류를 안 임금 광해군의 시(詩)와 함께 한때 임금이었던 시인의 죽음을 기록하고 있다.

광해군의 유배지 처소는 제주시 중앙로 인근이었던 것으로 전해지고 있다. 제주시 옛 도심권은 몇 년 전만 해도 사람들의 왕래가 잦았지만 상권 이동에 따라 중앙로의 유동인구는 예전만 못하다.

광해군의 유배 터로 알려진 국민은행 앞 버스 정류소와 건물 계단은 예전 같으면 젊은이들이 붐볐던 곳이다. 근처에 아카데미극장과 주점, 옷가게 등이 즐비해 대중교통을 이용하는 젊은 사람들

이 버스를 타기 위해 서성대던 곳이다. 이 일대를 중심으로 한 제주시 중앙로 상권의 건물은 옛 모습 그대로이지만 속을 들여다보면 나이가 들어 육신이 늙어 가듯 건물도 노화현상을 보이고 있다. 건물 1층은 여전히 상권이 형성되고 있지만 2층 이상으로 올라가면 텅 빈 건물이 한둘이 아니다.

제주에 유배됐던 260여 명의 유배인 가운데 유일한 왕인 광해군의 이야기는 다시 가공해 '이야기를 상품가치가 있도록 재생산하

▲ 제주에 유배된 광해군은 제주 성안(현 제주시 중앙로 국민은행 인근)에 위리안치 되어 67세의 나이로 생을 마감한다. 지금도 음력 7월 1일이면 왕의 죽음을 슬퍼하며 비가 내린다는 속설이 전해지고 있다. 2010년 8월 10일(음력 7월 1일)도 속설처럼 비가 내렸다.

는’ 스토리텔링 작업을 통해 부가가치가 있는 문화 상품으로 내놓을 만한 문화 콘텐츠다.

파란만장한 광해군의 삶

광해군은 선조와 공빈 김 씨 사이의 둘째 아들로 태어났다. 선조의 왕비 의인왕후 박 씨는 자식을 낳지 못하고 병으로 죽는다.

조선조 제14대 임금 선조는 방계 혈통으로 왕에 오른 인물이다. 선조는 제13대 명종의 유일한 아들 순회세자가 13세에 요절하자 제11대 중종의 일곱째 아들 덕흥군의 셋째 아들(선조)로서 왕위에 올랐다. 적자가 없는 선조는 세자 책봉을 두고 고민한다. 선조는 13명의 아들을 두었지만 모두 후궁에게서 얻은 아들이었다. 선조는 임진왜란(1592년)이 일어나 분조 상황에 처해서야 서자이면서 차남인 광해군을 세자에 책봉한다. 분조는 위급한 상황에서 조정을 둘로 나누어 국정을 운영하는 것을 말한다. 광해군은 선조가 의주로 피난하는 상황에서 이천까지 내려가 분조활동을 하며 의병 전투를 격려하는 등 비중 있는 역할을 맡는다.

임진왜란이 끝나고 선조는 1602년 50세의 나이에 18세의 인목왕후(광해군보다 9세 연하)를 계비로 맞는다. 인목왕후는 1606년 적자 영창대군을 낳는다. 하지만 선조는 1608년 세상을 떠난다. 당시 어의는 『동의보감』을 쓴 허준이었다. 곧 광해군은 북학파의 지지속에 임금에 등극하게 된다. 광해군은 왕위에 오르자 선혜청을 설치하고 지방 특산물로 바치던 공납을 특산물 대신 쌀로 내도록 하는 대동법을 시행해 민생구제에 나섰다.

당대 유생들이 김굉필, 정여창, 조광조, 이언적, 이황 등 사림 오현에 대해 유교를 집대성한 공자를 받드는 문묘에 모시기를 간청하자 오현문묘 종사를 허락하기도 한다. 또 왜란으로 소실됐던 창덕궁, 경덕궁 등을 재건하였다. 경덕궁은 경희궁이라고도 한다. 하지만 광해군은 형인 임해군을 강화도로 유배 보내 죽도록 하고 동생 영창대군도 강화도로 유배 보내 결국 죽도록 한다. 또 인목왕후의 아버지인 김제남을 역모를 꾀하였다는 이유로 서소문 밖에서 죽임을 당하게 하며 김제남의 부인이자 인목왕후의 어머니인 노씨부인도 제주에 유배 보냈다. 인목왕후는 서궁에 유폐시켜 버린다.

광해군은 후금과 명나라 사이에서 실리외교를 폈다. 누르하치가 후금을 세우자 명은 조선에 공동 출병을 제의하게 된다. 이에 광해군은 임진왜란 때 도와준 명의 요구를 거절하지 못한다. 하지만 전쟁에서 신흥강국으로 떠오르는 후금과의 적대 관계를 피해야 하였다. 광해군은 중립 정책을 쓴다. 이게 화근이었다. 명분을 중시하는 사림들은 동생을 해치고 어머니를 폐한 것, 백성을 고통에 빠뜨린 것, 명에 의리를 저버린 것 등을 이유로 광해군을 폐위시킨다. 광해군을 폐위시킨 역사적 사건이 바로 인조반정이다. 인조반정은 서인이 주도하였다.

인조반정은 1623년 3월 능양군을 중심으로 이귀, 김자점, 김류, 최명길, 이괄 등이 역모에 가담해 반란군 700여 명을 이끌고 궁궐을 향해 진격해 정권을 교체한 군사 쿠데타였다. '역사는 반복된다'고 했던가. 조선시대를 넘어 일제강점기, 해방 이후 한국 현대사에서도 반란군이 출몰해 정권을 교체한 예는 시대를 기록하는 신문을 통해 확인할 수 있다. 과거 선조들의 이야기의 역사를 반추해 보는 것은 이 같은 이유 때문이다. 역사는 반복된다. 좋은 점은 본받고 악습은 고쳐야만 한다.

　이 밖에 광해군 시대에는 왜란으로 손실된 『신증동국여지승람』, 『용비어천가』, 『동국신속삼강행실도』 등이 다시 간행되고 『국조보감』이 다시 편찬됐으며 허균의 『홍길동전』, 허준의 『동의보감』이 간행되었다.

유배인이 본 이채로운 제주 풍토

06. 왕족의 유배: 이건/이덕인/소현세자의 세 아들

조선조 제16대 임금 인조는 무력 정변을 일으켜 광해군을 폐위시키고 왕위에 올랐다. 광해군 때(1616~1619년) 제주목사를 지낸 바 있는 이괄은 반란군의 임시대장을 잠시 맡으며 인조반정에 앞장섰다. 인조 2년(1624년) 이괄은 난을 일으켜 왕권에 도전하였다. 이를 이괄의 난이라고 한다. 이괄은 선조의 아들 흥안군을 왕으로 옹립하려 하지만 곧 평정되어 실패로 끝이 났다. 인조의 왕위에 대한 불안은 숙부인 인성군과 왕족인 이덕인을 유배 보낸 후 사약을 내려 스스로 죽게 하였다. 인조의 맏아들 소현세자는 의문의 죽음을 당하고 세자빈은 사약을 먹고 죽었다. 소현세자의 세 아들은 제주로 유배된다.

▲ 제주의 여인들은 강하다. 옛 제주의 여인들은 생계를 위해 바다와 씨름해야 하였다. 유배인 이건의 「제주풍토기」는 잠녀라는 용어가 처음 등장하는 문헌으로 알려져 있다.

|「제주풍토기」를 쓴 이건 |

이괄의 난과 연관되어 선조의 일곱 번째 아들이자 인조의 숙부인 인성군(이공)은 강원도 간성에 유배된다. 원주로 이배되었다가 풀려나지만 다시 1628년 유효립 등과 함께 역모를 꾀하였다 하여 가족과 함께 진도로 유배된다.

조선왕조실록을 보면 당시 인성군의 유배지는 제주 정의현이었지만 너무 멀다 하여 진도로 유배지가 바뀐 것으로 기록되어 있다. 하지만 인성군은 사약을 받고 죽음을 맞게 된다. 인성군의 아들 삼 형제와 가족의 유배지는 제주로 옮겨진다. 이배(移配, 유배지를 옮김)된 이유를 보면 진도가 좁으므로 제주로 옮겨 살기가 편하도록 하였다고 한다. 인조가 인성군의 가족들을 위해 일종의 배려를 한 셈이다. 인성군의 가족들은 별도포를 통하여 제주에 도착하였다. 인성군의 셋째 아들 이건은 제주 성안 객사골(현재의 제주시 일도1동 제주북초등학교 정문 일원의 동네) 인근에 유배 터를 정했던 것으로 보인다. 때는 1628년 6월이었다. 제주목관아 지척에 위치한 제주북초등학교는 제주 객사가 있던 터였다. 객사는 다른 지방에서 제주에 출장 온 관리들이 묵는 숙소로 '영주관'이라 하였다. 1630년(인조 8년) 여자 종이 목을 매에 죽는 흉사가 일자 처소를 가락쿳물이 있는 동네로 옮겼다.

인성군의 아들 중에서 15세의 셋째 아들 이건(李健)은 제주에 머무는 동안 당대 제주의 문화를 기록한 「제주풍토기」를 남겼다. 제주풍토기는 현재 흔하게 사용되는 '해녀'의 다른 용어인 '잠녀'(潛女)가 처음 등장하는 문헌으로 알려져 있다. 제주풍토기에는 잠녀는 미역을 캐는 여자를 말한다고 기록하고 있다. 알몸으로 작업하며 이를 부끄럽게 생각하지 않는다고 쓴다. 이는 당시 유림의 눈에 비친 제주의 풍토를 여실히 드러내고 있다. 또 생복(전복)을 캐는 잠녀들에 대한 관원의 횡포를 기록, 제주 잠녀(잠수)의 실상을 한양의 선비들에게 알리는 전파자 역할을 하였다.

> 바다에서 나는 것은 다만 전복, 오징어, 말린 미역, 옥돔 등 몇 종류가 있고, 또 이름을 알 수 없는 몇 종류의 고기가 있지만, 그 외 더 다른 고기는 없다. 그 가운데 흔한 것이 미역이다. 미역을 캐는 여자를 '잠녀'(潛女)라고 하는데, 2월 이후부터 5월 이전까지 바다에 들어가 미역을 캐는데, 그 미역을 캘 때 소위 잠녀들은 발가벗은 몸으로 바닷가에 가득 널려, 낫을 지니고 바다에 떠다니다가 바다 밑으로 거꾸로 들어가 미역을 캐어 끌고 나온다. 남녀가 서로 섞여도 부끄럽게 여기지 않으니 보기에 의아하다(이건, 「제주풍토기」, 『규창집』).

이와 함께 제주의 뱀 신앙, 신당, 동물, 농사법, 김만일의 말 사육법 등 17세기 제주를 「제주풍토기」에 생생히 담아냈다. 이건은 '가장 슬픈 것은 파도 소리다'라며 유배인으로서의 심경을 제주풍토기를 통해 토로하고 있다.

굴림서원에 배향됐던 오현 중 한 명인 정온의 상소로 이건은 1635년 제주에서 강원도 양양으로 이배된다. 이건은 제주를 떠나며 제주 기녀(妓女)와 술, 시(詩)에 대해 논하였다.

> 섬 안의 관리와 백성들이 술을 들고 와 전별하는 자가 꽤나 많았다. 그중에 기녀 해운, 온향, 노향이 더욱 정성을 다하여 술을 놓고 노래로 흥을 돋우며 차마 헤어지지 못해 하기에 모두 시로 보답하였다(이건, 「제양일록」, 『규창집』).

이건은 기녀 3명과 술을 놓고 시를 짓는 여유로운 풍류를 즐기며 이색 풍물과 풍습을 지닌 제주를 떠났던 것이다.

| 전주이씨 계성군파 제주입도조 이팽형의 아버지 이덕인 |

통계청이 지난 2000년 조사한 자료에 따르면 제주지역에 거주하는 전주이씨는 2만 4,818명(7,571가구)인 것으로 나타났다. 제주에 살고 있는 전주이씨 중 가장 큰 종파를 이루고 있는 계성군파의 제주입도조는 유배와 밀접한 관계가 있다. 전주이씨 계성군파 입도조는 이팽형(李彭馨)이다. 이팽형의 아버지 이덕인(회은군)은 인조 22년(1644년) 심기원 등이 이덕인 자신을 새로운 왕으로 추대하려는 역모가 발각되는 바람에 제주 대정현에 유배된다. 이덕인(李德仁)은

▲ 전주이씨 제주입도조 이팽형의 부친은 유배인 이덕인이다. 이팽형은 득춘을 낳고 득춘은 아들 열셋을 낳는다. 제주시 이호동에 위치한 이득춘의 묘.

조선조 제9대 임금 성종의 16남 가운데 둘째인 계성군의 증손이다.

인조가 신하들에 의해 임금으로 선택됐듯이 이덕인은 신기원 등에 의해 왕으로 선택됐지만 그해 제주에서 사약을 받아 생을 마감하였다.

입도조 이팽형이 제주에 정착하게 된 사연에 대한 기록은 제주인물사를 다룬 책자들과 전주이씨 족보가 서로 다르다. 제주인물사를 다룬 대부분의 책자에서는 이팽형(1576년생)은 1596년 21세라는 젊은 나이로 제주에 낙향, 두목골(현재의 제주시 이도1동 부근)에 정착해 임윤화의 딸을 맞아 아들 이득춘을 낳았다고 전하고 있다. 30세의 나이에 요절하고 말았다고 기록되고 있다. 외아들이던 이득춘은 제주에서 아들 13명을 둬 자손이 번성하게 되었다는 이야기이다. 두목골은 제주시 구도심권 중으로 옛 제주서림 근처다. 또 두목골은 오현단 근처이기도 하다.

반면, 전주이씨 계성군파 제주특별자치도 종친회는 입도조인 이팽형이 제주를 찾은 시기를 다르게 보고 있다. 종친회가 보관하고 있는 족보 등에 따르면 이팽형은 아버지가 제주로 유배된 1644년 아버지 이덕인을 돌보려 제주 두목골에 정착하였다는 것이다. 이후 1665년에 90세의 나이로 세상을 떠난 것으로 기록되어 있다. 아들 이득춘을 얻고 이득춘은 아들 13명을 낳아 가계가 번창하게 되었다는 것이다.

이팽형의 묘는 제주시 이도2동 옛 제주통계사무소 인근의 전주이씨 계성군파 종친회관 자리에 있었던 것이 제주시 다호마을 인근으로 이장되었다. 이득춘의 묘는 제주시 이호동 덕지답 인근에 안장되어 있다. 이득춘이 묻힌 덕지답은 명당자리로 알려져 있다.

묘소 인근에는 용천수가 솟는 덕지물이 자리 잡고 있어 명당의 조건을 갖췄다. 이득춘의 묘는 이호해수욕장의 파도 소리가 들릴 것만 같이 이호해수욕장과 가까이에 위치해 있다. 제주국제공항을 통해 제주를 찾는 관광객들은 하늘 위에서 덕지답을 지난다. 그만큼 덕지답과 이호해수욕장은 제주공항 서쪽 활주로 경계에 접한 곳이다.

| 소현세자의 세 아들 |

인조는 1636년 병자호란에 패해 삼전도에서 청나라 태종에게 굴욕적인 항복을 하고 만다. 인조의 맏아들 소현세자와 세자빈, 봉림대군(훗날 효종)은 청나라에 볼모로 끌려가야 하였다. 청나라에서 9년 동안 인질로 잡혀 있던 소현세자는 1645년 귀국하지만 환영받지 못한다. 소현세자는 귀국 두 달 만에 의문의 죽음을 당한다. 인조에 의한 독살이라는 설이 일부 학자들 사이에서 제기되고 있지만 당시를 확인할 수는 없다. 역사는 승자들의 기록이기 때문이다. 승자에게 유리한 쪽은 기록하고 불리한 역사는 기록하지 않았던 것이다. 세자빈 강 씨는 이듬해(1646년) 왕을 독살하려 하였다는 죄명으로 사약을 받는다.

인조와 소현세자의 관계가 악화된 데에는 인조의 총애를 받던 후궁 귀인 조 씨의 이간질이 작용하였다는 일설이 전해진다. 귀인 조 씨는 인조와의 사이에서 2남 1녀를 뒀다. 인조는 소현세자가 죽자 세자의 장자인 이석철에게 세자의 뒤를 잇도록 하지 않고 아들 봉림대군(효종)을 세자로 책봉한다. 이는 향후 조선왕조 역사에서 서인과 남인 사이 예송논쟁의 불씨가 되는 운명의 장면이다. 효종이 죽자 효종이 적장자가 아니기 때문에 인조의 계비 자의대비(장렬왕후 조 씨)가 3년복을 입어야 하는지, 1년복을 입어야 하는지에 대한 문제가 정쟁화된 것이다. 이는 효종의 왕위 계승이 적법했는지를 따지는 민감한 사안이었다.

소현세자의 세 아들 이석철(李石鐵, 당시 12세), 이석린(李石麟, 당시 8세), 이석견(李石堅, 당시 4세)은 인조 25년(1647년) 제주에 유배된다. 이들이 제주에 유배되자 제주, 정의, 대정 세 고을에 유배되었던 사대부들은 왕의 명령에 따라 유배지를 다른 섬으로 옮겨야 하였다. 이때 홍무적이 남해현으로, 신득연이 진도군으로 각각 유배지를 옮겼다. 하지만 석철과 석린이 제주에서 풍토병을 앓고 죽는다. 손자 둘을 잃자 인조는 이들을 돌봤던 나인 옥진, 애영, 이생을 잡아 문초한다. 옥진은 정강이를 때리는 고문(형신)으로 죽고 애영과 이생은 형신 끝에 옥진보다 죄가 가볍다는 이유로 석방되었다고 조선왕조실록은 기록하고 있다. 나인은 조선시대 궁궐 안에서 왕과 왕비를 가까이 모시던 내명부를 통틀어 이르는 말이다. 이와 비슷한 말로는 궁녀(宮女)가 있다.

> 나인 옥진(玉眞)·애영(愛英)·이생(異生) 등을 잡아 왔다. 옥진이 공초하기를, "두 아이가 죽은 것은 토질(土疾) 탓이지 보양(保養)을 삼가지 않은 탓이 아닙니다" 하였는데, 누차 형신을 받다가 죽었다. 애영과 이생도 형신을 받았는데, 상이 그들의 죄는 옥진보다 가볍다는 이유로 석방하라고 명하였다.

> 及拿致內人玉眞 愛英 異生等 玉眞供招以爲: 兩兒之死 由於土疾 非由於保養之不謹 刑訊累次而斃 愛英 異生 旣受刑 上以其罪輕於玉眞 命釋之(인조실록, 인조 26년 1648년 12월 23일 기사)

제주는 한양과 가깝지 않다

07. 모반을 꿈꾸다: 윤지/조영득/소덕유

    외딴섬 제주에 온 유배인은 당대의 정치인이며 학자였다. 유배인들의 몸은 절해고도의 섬 제주에 갇히고 만다. 하지만 이들이 몸만 제주로 옮긴 것은 아니었다. 머릿속에는 한양(또는 자신의 고향)의 문화를 담고 제주를 찾았다. 섬 안에서의 고립이라는 유배생활은 유배인들로 하여금 자기완성의 길을 걷거나 교육자의 길을 가게 하였다. 당대의 일급 지식인이었던 유배인은 제주 주민들과의 만남을 통해 한양 문화와 제주 문화의 소통의 길을 열었던 것이다. 중앙정치로부터 외면당한 유배인들의 반체제적인 성향은 제주 주민과의 만남을 통해 은연중에 제주 주민의 의식구조에도 영향을 미쳤다.

▲ 제주의 유배지 중 대정현은 제주에 온 유배인들이 가장 힘들어하는 곳이었다.
단산 정상에서 내려다본 대정마을.

| 조정에 한을 품은 윤지 |

제주의 유배지 중 가장 험한 곳은 대정현이었다. 대부분 정치권력
에서 배척당한 유배인들이 대정에 유배되었다. 조선시대 제주에서
의 역모 사건이나 민란은 대정에서 발화되었다고 해도 과언이 아니
다. 이는 유배인의 조정에 대한 비판적인 의식과 무관하지 않다.

대정현감과 제주목사를 지낸 김석철은 상소문(중종실록)을 통해
당대 대정을 이야기하고 있다.

> 대정현(大靜縣) 사람은 염병으로 거의 다 죽었으며(……) 그리고 서
> 울에서 죄를 짓고 정속(定屬) 된 사람으로 제주에 들어가게 된 자
> 들과 이에 귀속시켜 잔현(殘縣)을 채우는 것이 어떠하리까

> 又大靜縣人物 以瘴癘 死亡殆盡 邑屬軍士 雖曰三旅 名存實無 僅存
> 一旅 官奴婢凋殘尤甚 國馬看養牧子 十六歲定役 六十免役例當 而未
> 得推移轉換所掌 故失馬價 蕩盡家産 徵納無由 弊將難救 同縣流移公

賤 令濟州牧使 ——刷還本土 甚便 此島人心豪猾 多占良民 許接戶
首 甘心使喚 不卽發送 亦以公賤容隱例 論全家竝徒 於本縣則自無招
引投托之弊 且京中犯罪定屬人 應入濟州者 皆屬于此 以實殘縣何如
(중종실록, 중종 8년 1513년 12월 26일 기사)

　중종실록에 전하는 김석철의 상소문을 보면 대정현은 토질병으
로 인해 사람들이 거의 다 죽었다고 기록되어 있다. 그는 또 서울
의 죄를 짓고 제주에 유배될 사람은 대정에 보내 잔현을 채우는 것
이 어떻겠느냐고 임금에게 진언하기에 이른다. 대정에 유배된 대
표적인 지식인은 추사 김정희와 동계 정온 등 거물급들이 상당수
포함되어 있다.

　연잉군(훗날 영조)의 왕세제(王世弟) 책봉과 연관되어 윤지(尹志)
가 1725년(영조 1년) 제주 대정현에 절도안치되었다. 왕세제는 왕
위를 이을 왕의 아우를 이르는 말이다. 연잉군은 숙빈 최 씨의 아
들로 숙종의 차남이다. 숙종과 희빈 장 씨 사이에서 태어난 아들
균(경종)이 후사가 없자 무수리 출신 숙빈 최 씨의 아들(연잉군)이
왕위에 오른다. 이 과정에서 연잉군 측의 노론과 이에 반대하는 소
론 간 당쟁의 소용돌이가 휘몰아친다. 대정에 10여 년간 유배됐던
윤지는 나주로 이배되어 20여 년이라는 고난의 유배생활을 하게
된다. 자신을 유배 보낸 조정에 대한 불만을 품은 윤지는 집권당인
노론에 반대해 역모를 꾸미다 발각되어 죽임을 당한다.

| 소론의 영수 조태구의 손자 조영득 |

　노론에 의해 왕위에 오른 영조는 노론과 소론의 첨예한 대립 속

▲ 가파도로 가는 도항선에서 바라본 대정읍. 단산－산방산 뒤로 한라산이 웅장하다.

에 탕평책을 써서 조선을 이끌어 간다. 노론과 소론의 대립은 신축
옥사－임인옥사－이인좌의 난을 차례로 잉태한다. 조영득(趙榮得)
은 영조와 노론 체제를 무너뜨리려는 '이인좌의 난'과 연루되어 제
주 대정현에 유배된다. 조영득은 소론의 우두머리 격인 조태구의
손자였다.

　1728년(영조 4년)에 발생한 이인좌의 난은 소론의 일부 인사와
남인의 급진 세력이 경종을 위한 보복이란 명분으로 소현세자의 증
손자 밀풍군 이탄을 왕으로 추대해 모반을 꾀한 사건이다. 유배인
조영득이 제주에서 역모를 꾀한 사건이 발생한다. 영조 39년(1763
년) 심내복, 조영득 등 제주의 유배인들이 유배인 이훈을 왕으로 추
대하려는 역모가 들통 난다. 이는 유배인들의 조정에 대한 강한 비
판의식을 읽을 수 있는 사건이었다. 또 유배인들과의 소통이 은밀히
이뤄졌음을 보여 준다.

역모를 이끈 심내복과 조영득의 유배지는 각각 정의현과 대정현이었다. 조선왕조실록을 보면 조영득은 대정현에서 대정사람 강익주의 딸(관기) 월중매를 첩으로 맞아들였다. 또 대정현감이던 조경수는 월중매의 동생을 첩으로 삼아 유배인과 현감이 동서 사이였다.

> "조영득이 월중매를 첩으로 만든 뒤에 강익주가 관에 고발하였는데 대정현감(大靜縣監) 유일장(柳一章)은 '관노(官奴)와 관비(官婢)들이 서로 간통하는 것은 본디 늘 있는 일이기 때문에 단지 초달형(楚撻刑)만 시행하였다'고 하였습니다. 이런 일을 심상(尋常)하게 보아 넘기고 즉시 엄중히 다스리지 않았음은 물론, 그도 또한 조영득 첩의 사촌(四寸)과 몰래 간통했으니, 특별히 숨긴 정상이 없는지 어떻게 알 수 있겠습니까? 청컨대 전 대정현감 유일장을 잡아다 국문하여 엄중히 신문하소서."

> 榮得以月中梅作妾之後 翊周告官 則大靜縣監柳一章以爲 官奴官婢相奸 自是常事 只施撻楚云 看得尋常 不卽嚴治 渠亦潛奸榮得之妾四寸 則安知無別般隱情乎 請前大靜縣監柳一章 拿鞫嚴問
> (영조실록, 영조 39년 1763년 11월 20일 기사)

강익주는 당시 좌수(座首)였으며 조영득은 관노였다. 역모를 꾀한 이들은 죽임을 당했으며 월중매는 흑산도에 유배되어 계집종이 된다. 심내복, 조영득의 역모 사건과 관련해 전 대정현감 유일장은 관노(조영득)와 관비(월중매)의 간통의 책임을 물어 파직되었다. 사헌부는 전 제주목사 신광익을 유배인의 동태를 감시하는 데 소홀한 부분을 물어 엄중히 처단해야 한다고 임금에게 아뢴 것으로 조선왕조실록에 기록되어 있다. 조정에서는 이 사건 이후 제주에 어사 이수봉을 보내 주민들을 위로한다. 또 명월진 조방장 자리를 해당 고을에 넘겨줘 해당 고을에서 자천으로 임용하도록 허락하였다.

| 『정감록』에 의한 모반을 꿈꾼 소덕유 |

조선왕조가 망하고 정씨의 새 왕조가 들어선다는 내용을 담을 예언서 『정감록』에 의한 역모 사건이 터진다. 1589년(선조 22년) 정여립 역모 사건을 말한다. 정여립은 대동계를 조직, 모반을 꿈꾸었지만 발각되어 실패하고 만다.

제주의 유배를 다룬 책자에 따르면 정여립과 숙질간으로 대동계에 동참했던 소덕유(蘇德裕)가 정여립의 역모 사건으로 1594년 제주에 유배된다. 대동계 일원이던 길운절이 소덕유와 합류하고 문충기, 홍경원 등 제주 사람들까지 가세해 모반을 꿈꾸지만 발각되어 이들은 비참한 최후를 맞게 된다. 소덕유와 길운절의 모반·모의사건이 조정에서는 큰 반향을 일으킨다. 제주의 읍호를 강등하는 것에 대한 논의를 펼쳤던 것이다. 읍호 강등은 논의만 됐을 뿐 실행되지 않는다. 조선왕조실록은 선조실록 140권 선조 34년(1601년) 8월 17일자 기사에 이에 대한 기록을 남기고 있다.

제주(옛 탐라)의 분리주의적 성향과 유배인들의 체제 비판적인 성향이 맞물려 제주 특유의 성향을 드러냈던 것이다.

현재 제주의 성향이라고 해서 과거와 크게 거리를 두지 않고 있다. 최근 몇 차례의 선거를 통해 제주의 반여권적인 의식을 보여 주고 있다.

소덕유 사건으로 어수선한 제주민들의 민심을 달래기 위해 조정에서는 제주안무어사로 김상헌을 보낸다.

> 신이 본주에 이른 지 한 달이 지났는데, 그 사이에 하루 이틀 이외에는 비가 오지 않는 날이 없고 바람이 불지 않는 날이 없었으나

바다 섬의 기후가 본래 이와 같은 것으로 괴이할 것이 없다고 여겼었습니다. 그런데 오랜 뒤에야 유생(儒生)과 고로(故老)들에게 물어보았더니 "금년 9월 이후부터 항상 흐리고 계속 비가 내려 여러 달 개지 않아 여름철보다 더 심하다. 지금 거센 바람이 크게 일어 밤낮 그치지 아니하니 이는 실로 예전에는 없던 재변이다" 하였습니다. 신이 직접 본 바로는 도로가 진창이 되어 봄·여름의 장마철과 같고 들판에 가을 곡식이 손상되어 태반이나 잎이 시들고 썩어 문드러져 거두지 못했습니다. 이리하여 농민들은 손을 놓고 곳곳에서 울부짖고 있으니 굶주려서 곤핍한 상황은 차마 볼 수 없었습니다. 가을인데도 이러하니 어떻게 해를 보낼 수 있겠습니까. 이곳 백성들의 처지가 실로 애처롭습니다.

臣到本州 經旬踰月 而其間一二日外 無日不雨 無日不風 以爲海國氣候 本來如此 無足怪者 久乃詢于儒生故老 則自今年九月以後 恒陰連雨 積月不開 有甚於夏 今盲風大作 晝夜不止 此實近古所未有之災異云云 臣目見道路(泥)[泥]淖 如春夏霖潦之時 田野之間 秋穀自損 太半(委)[萎]葉腐爛不收 農民束手 處處呼泣 飢荒困乏之狀 所不忍見 秋而如此 何以卒歲 此地民生之事 實爲矜惻 臣竊意 今番逆獄之治 朝廷雖務爲平反 株連根逮者 至今不斷 或未免 有若干橫枉之冤 其中許多緣坐之人 又未必盡知逆謀 而囚繫累日 奄奄將死 島內人心 不能咸服 以之乖氣致異 災沴非常 不敢知厥咎攸在 前頭撫恤之策 朝廷各別軫念 特垂寬貸之典 庶幾遺民 得保餘喘 抑亦國家少紓南顧之憂(선조실록 선조 34년 1601년 11월 1일 기사)

김상헌 어사는 제주에서 들은 이야기를 급히 조정에 알린다. "금년 9월 이후부터 항상 흐리고 계속 비가 내려 여러 달 개지 않아 여름철보다 더 심하다. 거센 바람이 크게 일어 밤낮 그치지 않는다"라는 말을 유생과 늙은이에게서 들었다는 것이다. 당시 제주의 척박함을 그대로 전하고 있다.

김상헌은 귤림서원에 배향된 제주 오현 중 한 명이다.

한편 일부 제주 인물사를 다룬 책자는 소덕유를 유배인이 아니라 자발적으로 제주를 찾은 인물로 서술하고 있다. 그중 김봉옥이 쓴 『증보 제주통사』는 소덕유를 유배인으로 보고 있지 않다.

『증보 제주통사』에 따르면 소덕유는 정여립의 처 사촌으로 정여립의 난에 가담하였다. 스님 복장을 하고 산성을 쌓으러 경상도 선산에 갔다가 길운절을 만났다고 되어 있다. 길운절은 1599년(선조32년) 말을 산다는 구실로 소덕유에게 청포를 줘 제주로 들여보냈다고 설명하고 있다. 이어 길운절이 제주에 합류하고 제주 사람들과 함께 모반을 꾸민다. 이후 전개 양상은 제주 인물사를 다룬 나머지 책자에서와 유사하게 전개된다.

> 정유년 난리 때에는 근왕한다고 칭탁하고 어미를 버려둔 채 돌보지 않아 적에게 죽음을 당하게 하였다. 이 때문에 그 고장 사람들이 모두 쫓아내자 마침내 흉악한 계책을 세우고는 전라도 익산 사람 소덕유와 함께 역모를 꾀하였는데, 덕유는 바로 역적 정여립의 첩의 사촌이었다. 덕유는 기축년의 변 때 화가 자기에게 미칠까 염려하여 머리를 깎고 승려가 되었는데, 난리가 일어난 뒤에 승장이 되어 군사를 이끌고 선산지역에서 산성을 쌓을 때에 운절과 서로 사귀게 되었다. (……) 덕유가 "기축년에 정여립(鄭汝立)의 일이 이루어지지 않았던 이유는 그가 있던 곳이 넓고 트인 곳이어서 그 일이 미리 발각되었기 때문이다. 그러니 만약 벽지나 절역 등지에 있으면서 도모한다면 어찌 일을 성공시키지 못하겠는가. 내가 그대를 위하여 제주로 가서 몰래 이 일을 도모할 터이니, 만약 일이 성공하면 사람을 시켜 그대를 부르겠다. (……)"라고 하였다.

> 丁酉之難 托稱勤王 棄母不顧 使罹賊鋒 以此一鄉共黜之 遂生兇計 與全羅道益山人蘇德裕 共爲逆謀 德裕者乃逆賊鄭汝立之妾四寸也 己丑之變 懼禍及己 削髮爲僧 亂後因爲僧將 領軍築山城於善山地 得與云節相交 云節舘德裕於其家 與同衣食 德裕因言曰: 當今世亂 以君之才 不得大施 是可恨也 云節曰: 我固有此志矣 將奈何? 德裕曰: 君若有意於大事 我有一策 當指示其路 云節問其計 德裕曰: 己丑之間 鄭汝立之事 所以不成者 以其所處 在通廣之地 其事已發覺故也 若於僻地絶域等處圖之 則何事不成 吾當爲君往濟州 潛謀此事 事若

可成 則當使人召君 此地人心頑惡 可易以誘致(선조실록, 선조 34년 1601년 7월 18일 기사)

　반체제적인 유배인들의 성향은 반정부·반여권적인 제주도민들의 성향에 어떤 의미로든 영향을 미쳐 왔다.

제주 사립교육 산실 귤림서원, 씨앗은 유배인

08. 장두 이재수의 선조는 유배인: 김정/이세번

전국에서 가려 뽑은 미녀들(운평, 운평 중에 뽑은 기녀는 흥청, 흥청망청이란 말은 이 흥청에서 유래되었다고 알려지고 있다)과의 연회를 즐기던 연산군은 재위 11년 9개월 만에 왕위에서 쫓겨난다. 조선왕조실록을 보면 제주까지 채홍준사를 보내 미녀를 선발하였다. 중종반정(1506년)으로 왕위에 오른 중종은 연산군의 폭정을 추스른다. 하지만 반정공신 세력에 밀려 조정의 주도권을 잡지 못한다. 이에 중종은 신진 사림 세력을 등용한다. 조광조를 축으로 하는 개혁사림은 개혁의지가 강하였다. 하지만 중종 14년인 1519년 반정공신 위훈 삭제사건으로 신진 사림 세력이 숙청되는 기묘사화를 겪게 된다. 기묘사화로 화를 입은 조광조, 김정, 기준, 김식, 한충 등 학자를 일러 기묘명현(己卯名賢)이라 하였다.

|「제주풍토록」을 쓴 김정 |

　개혁 정치를 꿈꾸던 사림들이 화를 당한 기묘사화로 조광조는 능주에 유배된 뒤 사사(賜死)된다. 당대 사림의 중심인물 중의 한 명이었던 충암 김정(金淨)은 금산, 진도를 거쳐 제주로 유배된다. 김정의 유배지는 금산이었다. 진도로 이배되었다가 중종 15년 (1520년) 제주성 동문 밖 가락천 인근의 금강사 옛 절터에 유배된다. 조정의 일부 관료들은 유배지 이탈을 거론하며 김정을 사사할 것을 왕에게 요구한다. 김정은 유배 기간 어머니가 병이 심하다는 소식을 듣고 유배지 금산을 이탈해 보은에 있는 노모를 찾아 손을 서로 잡고 작별하였다. 이에 따라 김정은 제주 유배 1년여 만에 왕명을 받아 사약을 먹고 자결하였다.

> 김정은 자는 원충이며, 호는 충암이요, 본관은 경주이다. 경순왕의 후손이다. 기묘년에 금산으로 귀양 갔다가 다시 진도로 옮기고, 경진년에 다시 국문을 받고 제주에 안치되었는데, 신사년에 전일의 망명했다 하여 추후 논죄하여 스스로 목숨을 끊도록 하였다. 이때 나이 36세였다(「『연려실기술』의 제주기사」, 『탐라문화』 제15호).

　김정은 제주에 머무는 동안 제주향교 교수 김양필, 유생 문세걸 등 제주 유생들과 접촉하였다.

　선조 11년(1578년) 판관 조인후는 김정의 유허지에 그를 기리기 위해 충암묘를 세운다. 충암묘는 조선시대 사학교육이 이루어졌던 귤림서원의 시발점이 된다. 이후 효종 10년(1659년) 제주 선비 김진용의 건의로 장수당(藏修堂, 쉬지 않고 공부하는 집)을 건립하고 현종 6년(1665년) 판관 최진남이 충암묘를 장수당 남쪽으로 옮겨 사(祠, 사당)와 재(齋, 학사, 장수당) 두 기능을 갖춘 서원이 설립되었다. 이 서원이 귤림서원이다. 김정은 귤림서원에 배향된 제주 오현 중 한 명이 된다. 귤림서원은 고종 8년(1871년) 대원군의 서원철폐령으로 폐원될 때까지 210여 년 동안 제주 교육의 산실 역할을 하였다.

충암 김정은 제주 유배기간 16세기 제주의 풍토를 생생하게 기록한 「제주풍토록」을 남겼다. 「제주풍토록」에는 제주의 기후, 가옥구조, 풍속, 신앙, 관원의 횡포 등 당대의 제주를 생생히 담고 있다.

> 이 고을의 풍토는 또 하나의 유별한 곳으로 하나하나 매우 달라서 까딱하면 탄식하고 놀랄 만하나 모두가 볼만한 것이 없다. 기후가 겨울철에도 때로는 따뜻하고 여름철은 간혹 서늘하나 변화가 무쌍하고, 바람과 공기는 따뜻한 것 같으나, 몸에 와 닿기는 살을 에는 듯하고, 의복과 음식을 조절하기 어려워 병이 나기 쉽다. 더욱이 구름과 안개가 항상 음침하게 덮어 가려 맑게 갠 날이 적고, 거센 바람과 궂은비가 시도 때도 없이 몰아닥쳐 매우 습하며 답답하다. (……) 풍속에는 뱀을 매우 꺼리며, 신이라 여겨 받든다. 보면 술을 바쳐 빌며 감히 쫓아내거나 죽이지 못한다. 나 같은 경우는 먼 곳에서 보아도 반드시 죽인다(김정, 「제주풍토록」, 『제주 고기문집』, 제주문화원).

「제주풍토록」을 보면 "맑게 갠 날이 적고, 거센 바람과 궂은비가 시도 때도 없이 몰아닥쳐 매우 습하며 답답하다"라고 말하는가 하면 "풍속에 뱀을 매우 꺼리며, 신이라 여겨 받든다"라며 바다를 가로질러 색다른 지역에 온 유배인이 본 제주를 기록하였다.

김정은 형조판서를 지냈다. 현재로 말하면 장관급 거물이었다.

제주시 동문시장과 주차장을 잇는 다리 인근에는 '판서정'(判書井)이란 우물 명칭이 남아 있다. 제주 주민들이 고인 물을 마셔 설사와 구토를 일으키는 환자가 발생하자 김정이 유배지 처소 근처에 우물을 파고 배수가 잘 되게 해 주민들도 함께 마시게 하였다고 한다. 판서정은 장관이 판 우물인 셈이다. 특히 김정은 생의 마지막인 제주에서의 유배생활 동안 제주 주민들에게 장사와 제사 예법을 가르치는 등 제주 문화에 영향을 주었으며 제주 학문을 일으키는 데 역할을 한 것으로 알려져 있다.

| 고부이씨 벽동공파 제주입도조 이세번 |

기묘사화와 연루되어 고부이씨 벽동공파 제주입도조가 되는 이세번(李世蕃)이 제주 대정현에 유배된다. 의금부도사였던 이세번은 정여창, 조광조, 이언적, 이황 등과 함께 광해군 때 조선 사림 오현으로 추앙받게 되는 김굉필의 문하에서 공부했으며 조광조와 동문이었다. 기묘사화로 조광조 등이 투옥되자 이들의 무죄를 탄원하다 훈구파에 의해 조광조 일당으로 몰렸다. 이로 인해 1520년(중종 15년) 제주 대정현에 유배되었다.

고부이씨 벽동공파 제주입도조가 되는 이세번은 대정읍 신도포구(둔개)를 통해 제주에 유배 온 것으로 알려져 있다. 이재수의
난의 장두 이재수는 이세번의 12대손이다.

▲ 제주시 한경면 고산리 자수원(속칭 신물)에 위치한 고부이씨 벽동공파 제주입도조 이세번의 묘

이세번의 유배지는 대정현 둔개(둔포, 신도리 포구)로 알려져 있다. 양진건 제주대학교 교수의 『그 섬에 유배된 사람들-제주도 유배인 열전』에는 이세번이 다른 유배인들과 달리 풍랑으로 신도리 포구로 들어와 대정에서 유배생활을 하였다고 소개하고 있다.

대부분의 제주 인물사를 다룬 책자는 신도리에서 유배생활을 하였다고 하고 있다. 반면에 『제주고산향토지』에는 이세번의 유배지는 신도리가 아니라 고산리였다고 추측하고 있다. 신도리와 고산리는 인접해 있는 마을이다. 이로 볼 때 이세번은 대정현 신도리 인근에 살았던 것으로 보인다. 이세번의 묘는 고산리 자수원(속칭 신물)에 있다. 이세번은 1526년 44세의 나이에 병으로 죽을 때까지 대정에서 7년의 유배생활 동안 독서와 후학 양성에 힘썼다.

고부이씨 벽동공파 이달수 종친회장이 제주입도조 이세번에 대한 문헌내용을 조사한 자료에 따르면 각 자료에서 이세번에 대한 상세 정보 중 일부 다른 부분이 있는 것으로 나타났다. 제주도 내에 이세번을 소개한 문헌은 지난 1965년 발간된『원 대정군지』부터 2006년 나온『영락리지』까지 열여덟 가지에 달하였다.

이세번의 유배시기, 유배지 등 정보가 동일한 것도 있지만 다른 (또는 틀린) 부분이 있는 것으로 확인되었다. 과거사의 기록은 객관적이고 성실한 작업을 해야 후세에 정확한 정보를 전달할 수 있다는 것을 여실히 보여 주는 대목이다.

이세번의 부인 석 씨와 아들 이충현은 이세번이 병으로 죽자 유언에 따라 이세번을 고산 자수원에 안장하였다. 이들은 아버지의 친묘만을 외로운 섬 제주에 남겨 둘 수 없다 하여 대정에 정착한다. 이후 고부이씨 벽동공파는 대정을 중심으로 번성하게 되었다.

| 이세번의 후손들: 이재수 · 이재교 · 김달삼(이승진) |

지난 2000년 통계청의 인구 통계조사에 따르면 제주지역에 거주하는 고부이씨는 2,379가구, 7,577명인 것으로 나타났다. 유배인 이세번의 후손들은 대정지역을 중심으로 제주역사를 움직이는 큰 인물들을 배출하였다.

이재수의 난의 장두 이재수(이세번의 12대손), 근대사학을 태동시킨 이재교(12대손), 제주4 · 3사건 당시 무장대 총책으로 김달삼이란 별명으로 활약하던 이승진(14대손)이 모두 이세번의 후손이다. 이재수는 영화 <이재수의 난>으로 잘 알려진 인물이다. 이재수의 난은 1901년 천주교의 교세 확장에 따른 폐단과 정부의 조세 수탈 등에 저항한 제주의 민란이다. 대정에 사설 상무사가 조직되고 이어 중앙의 조세 수탈에 저항한 민회가 열려 민란이 시작되었다. 민군은 황사평에 주둔해 제주성을 노리다 제주성 내 주민들이 성문을 열어 주자 제주성을 장악, 관덕정 앞에서 천주교도들을 대량 학살하였다. 이로 인해 정부 진압군, 프랑스 함대 등이 제주에 왔으며 정부 진압군은 민군의 장두 이재수, 오대현, 강우백을 서울로 압송한다. 이들은 교수형에 처해진다. 이들을 기리기 위한 '삼의사비'가 대정 추사관 인근에 세워져 있다. 희생당한 천주교도들은 황사평에 묻힌다. 이 자리는 현재의 황사평 순교자 묘역이다. 천주교 황사평 순교자 묘역에는 무덤들이 많다. 도로 가까이 있는 무덤은 1901년 때 무덤이 아니다. 천주교인들의 공동묘지다. 1901년 묘역은 가장 안쪽에 위치해 했다. 황사평 순교자 묘역을 찾는 길이 조금 복잡하다. 제주시에서 제주대학교로 가는 대로로 운전하고 가다가 아라초등학교 앞에서 좌회전 하고 가면 찾을 수 있다.

이재교는 대정 유림의 대표로서 지난 1908년 중문에 근대 교육기관인 개성학교(개성학사)를 설립한 인물이다. 이재교는 대정초등학교총동창회가 발간한 『대정교 100년사』에서 대정초등학교의 전신인 사립 한일학교 설립자로 잠정결론 내려져 추앙받고 있다. 하지만 대정역사문화연구회는 이재교를 대정초등학교의 설립자로 보고 있지 않다. 이 같은 정황을 미루어 보면 이재교가 대정초등학교 개교에 직접 또는 간접적인 영향을 끼친 것으로 미루어 볼 수 있다.

▲ 이재수의 난으로 대량 학살당한 천주교도들이 안장된 황사평 순교자 묘역.

　이승진은 제주4·3사건 당시 대정중학교 사회담당 교사였다. 남로당 대정면 조직부장을 맡다가 김달삼이란 이름으로 무장대 총책을 맡았던 인물로, 제주4·3사건의 중심에 선 거물이다. 이승진의 장인은 좌익계 거물 강문석이었다. 강문석은 조선조 헌종시대(1840) 대정에 유배 왔던 추사 김정희와 깊은 관련이 있다. 강문석의 증조부 강도순은 김정희의 두 번째 적거지의 주인으로 김정희에게 글과 글씨를 배웠던 인물이었던 것이다.

당대 거물 학자·정치인이 제주 교육에 미친 영향

09. 제주 오현 중 3명은 유배인: 송시열/정온

제주 오현으로 추앙받고 있는 인물 중 충암 김정, 동계 정온, 우암 송시열은 임금의 뜻을 거스른 대역죄를 짓고 제주로 추방된 유배인이었다. 김정, 정온, 송시열은 죄인이기에 앞서 당대의 학자·정치인이었다. 이들의 제주에서의 유배생활은 당시 제주의 유생들에게 적지 않은 영향을 미쳤다. 제주의 주민 입장에서 유배인은 문화의 전달자였다. 이와 함께 제주 주민들은 유배인을 '귀양다리'라하여 그들을 경계하였다.

| 우암 송시열 |

제주 오현 중 한 명인 우암 송시열(宋時烈)은 조선왕조실록에 3,000번 가까이 등장하는 거물 정치인이다. 국사편찬위원회가 인터넷을 통해 제공하고 있는 조선왕조실록 온라인 서비스(sillok.history.go.kr)에서 송시열을 검색하면 국역 검색결과는 2,847건, 원문 검색 결과는 2,760건이 검색된다. 송시열은 조선 후기의 대표적인 유학자이자 정치가다. 유교 국가인 조선에서 최고의 성현으로 추앙받던 인물이다. 송시열은 이이－김장생을 잇는 기호학파의 적통을 계승한 전통 기호학파였다. 인조 11년(1633년) 벼슬에 오른 송시열은 학맥이 곧 정파였던 조선시대, 인조－효종－현종－숙종시대를 잇는 정치적 격변기에 서인·노론의 영수로서 당쟁의 중심에 섰던 인물이다.

송시열의 학맥을 기록한 『화양연원록』을 보면 송시열의 제자는 900여 명에 달한다. 제자 중에는 벼슬에 오른 이가 많았다. 송시열이 살았던 시대는 당쟁의 시대였다. 서인과 남인, 노론과 소론으로 나뉜 숨 막히는 당쟁으로 송시열도 죽음을 피할 수 없었다.

송시열은 문묘에 배향되었다. 문묘 배향은 학자로서의 최대의 영예다. 정조 11년에는 그의 문집 『송자대전(宋子大全)』이 국비로 간행되기에 이른다. 중국의 성현인 공자, 맹자, 주자처럼 자호가 붙어 '송자'(宋子)로 불리며 유교국가인 조선에서 최고의 성현으로 추앙받았다. 정조가 편찬한 『양현전심록』에는 "송시열을 비난하는 것은 주자를 비난하는 것이며 이는 결국 공자와 맹자를 비난하는 것"이라고 하였다. 송시열의 정치적·사회적 영향력은 컸다. 그야말로 조선은 '송시열의 나라'라고 칭해도 과언이 아니었다.

송시열은 말년에 제주로 유배된다. 숙종은 정비 인현왕후 민 씨와의 사이에서 아들이 없자 총애하던 장소의 사이에서 태어난 아들 균(경종)을 원자로 삼고 생모 장소의를 빈으로 승격시킨다. 이에 송시열은 민비가 아직 젊어(23세) 왕자를 생산할 수 있어 균을 원자로 확정하는 것은 시기상조라는 상소를 낸다. 이 상소문 때문에 송시열은 제주에 위리안치되었다. 서인이 정계에서 퇴출되고

▲ 귤림서원 옛터 암벽에 새겨진 '증주벽립' 마애명.

남인이 정권을 잡는다. 이 사건을 기사환국이라 한다.

송시열은 숙종 15년(1689년) 3월, 83세의 나이로 제주 성안 산지골에 위치한 아전 김환심의 집에 위리안치되어 100여 일 동안 머물다 6월 3일 서울로 압송 도중 정읍에서 사약을 받고 생을 마감한다.

김정희의 시와 유허비 등으로 미루어 보아 송시열은 제주에서의 유배기간 동안 생강 농사를 짓고 제주향교에서 책을 가져다 읽었던 것으로 보인다.

귤림서원 옛터에는 송시열의 필적으로 암벽에 새긴 '증주벽립'(曾朱壁立)이 남아 있다. 증주벽립은 증자와 주자의 학문이 쌍벽으로 서 있다는 의미다. 증자와 주자의 사상을 계승하겠다는 송시열의 의지를 보여준다.

▲ 귤림서원 옛터 암벽에 새겨진 '증주벽립' 마애명. 증자와 주자의 학문이 쌍벽으로 서 있다는 뜻으로 송시열의 필적을 암벽에 새겼다.

| 동계 정온 |

　제주 오현의 한 사람인 동계 정온(鄭蘊)의 제주 유배는 광해군 6년(1614년) 영창대군의 처형과 연관되었다. 선조와 인목왕후 사이의 아들 영창대군은 광해군이 왕위에 오른 후 칠서의 옥과 연관되어 강화도에 유배된다. 하지만 영창대군은 아궁이에 쉴 새 없이 불이 지펴지는 방에 갇혀 불의 열기로 인한 화마로 8세의 어린 나이에 죽음을 맞는다. 정온은 영창대군의 처형이 인륜에 어긋나다며 상소하였다가 제주 대정현에 위리안치된다. 정온은 광해군이 폐출된 인조반정(1623년) 후 유배에서 풀릴 때까지 10년간 제주에 머문다.

정온은 조식－정인홍으로 이어지는 남명학파의 계보를 잇고 있다. 남명 조식의 학문은 경의지학(敬義之學)으로 통칭된다. 정온은 제주에서 자기완성(자기 교육활동)의 길을 걷는다. 많은 양의 경서와 사서를 가지고 와 독서에 매진하였다.

> 태수는 나를 위하여 서실을 두 칸 만들어 주었는데, 동쪽을 등지고 서쪽을 향하고 있다. 동쪽에서 성첩까지의 거리는 겨우 4, 5척이며, 서쪽에는 귤림이 있는데 울타리가 높아서 겨우 나무 끝만 보인다. (……) 북쪽, 동쪽, 남쪽 3면은 모두 처마에 닿아서 하늘을 전혀 볼 수가 없고 서쪽에서만 볼 수 있으니, 마치 우물 속에 앉아 있는 것 같다. 울타리 안에 동쪽과 서쪽은 항상 한 자 남짓 여유가 있고 남쪽과 북쪽은 3분의 2가 되는데 남쪽을 향해 판자문을 만들어 놓았다. 서쪽 옆에는 작은 구멍을 만들어 두었는데 음식을 넣어 주기 위한 것이다(정온, 「대정현 동문 안에 위리된 내력을 적은 기문」).

정온이 기록한 탱자나무 가시울타리의 위리안치 상황은 참담하다. 정온의 「대정현 동문 안에 위리된 내력을 적은 기문」은 위리안치라는 최악의 유배형과 그 유배생활은 물론 제주 대정의 가옥 구조를 엿볼 수 있는 자료로서의 가치를 지니고 있다.

불혹의 나이를 넘겨(1610년·42세) 별시문과에 급제한 정온은 유형지 제주에서 50세를 맞는다. 정온의 문집 『동계집』을 보면 "아, 나는 금년에 어느새 나이 쉰 살이 되었다. 지난 49년간의 마음가짐과 행실을 돌이켜 보니, 마음에 부끄러운 점이 많다"며 자신을 성찰한다. 자기 자신을 반성하기 위한 교재로 삼기 위해 바른 길을 잃지 않았던 중국의 59명의 행적을 모은 『덕변록』을 편집하는가 하면 매년 정월 초하루 새벽에는 자경잠(自警箴)을 지어 자신의 도덕적 완성을 꾀하였다.

▲ 조선시대 210여 년 동안 제주 교육의 중심에 섰던 귤림서원 옛터. 귤림서원 옛터에서 근대 학교들이
연이어 설립. 교육적인 측면에서 의미가 깊은 장소다.

정온은 1636년 병자호란 때 인조가 청나라에 항복을 결정하자
남한산성에서 할복을 기도하였다. 자신의 칼로 배를 갈라 자결하
려 했지만 곁에 있던 사람들의 만류로 뜻을 이루지 못하고 실패하였
다. 이후 관직을 버리고 금원산으로 들어가 살았다고 알려져 있다.
정온의 유허비는 현재 대정읍 보성초등학교 교문 옆에 세워져 있다.

| 귤림서원 |

귤림서원은 조선시대 제주의 사립교육기관으로 고종 8년(1871년)

대원군의 서원 철폐령으로 폐원될 때까지 210여 년 동안 제주의 교육을 이끌었던 곳이다.

중종 때 제주에 유배 와 사사된 충암 김정을 기리는 충암묘가 귤림서원의 시발점이다. 효종 10년(1659년) 제주 선비 김진용의 건의로 장수당이 건립되고 현종 6년(1665년) 판관 최진남이 충암묘를 장수당 남쪽으로 옮겨 사(祠, 사당)와 재(齋, 학사) 두 기능을 갖춰 설립되었다. 한편, 귤림서원의 설립 시기는 1667년(현종 8년)으로 보는 향토사학자도 있다.

제주에 유배 왔던 김정과 정온, 소덕유 역모 사건 때 안무어사로 왔던 김상헌, 제주목사를 역임했던 송인수가 배향되었다. 숙종 8년

▲ 귤림서원 옛 터에 제주 오현을 기리기 위해 세운 조두석. 5개의 조두석으로 인해 이곳은 오현단으로 불린다.

(1682년) 제주 유생들의 요청으로 사액서원이 되어 나라가 인정하는 공인서원이 된다. 향토사학자 김익수 씨는 귤림서원에 송인수 제주목사(중종 29년·1534년)가 추가로 배향(숙종 4년)되면서 사액된 데는 당대 거물 정치인이었던 송시열의 영향이 있었다고 해석하고 있다. 김익수 씨는 송인수는 송시열의 종증조부였다고 설명하였다.

귤림서원은 숙종 21년(1695년) 송시열을 추가로 배향하며 김정, 김상헌, 정온, 송인수 등 오현 배향의 형식을 갖춘다. 귤림서원이 오현을 배향, '서원에 가면 엄연히 그 사람을 보는 듯'해 유생들에게 교육적 동기를 부여하였다.

귤림서원이 훼철된 이후 귤림서원 터는 제주교육의 산실 역할을 하였다. 고종 29년(1892년) 제주 유림 김희정 등이 중심이 되어 귤림서원 옛터에 오현을 위해 제단석인 조두석을 세웠다. 이 조두석 5개는 현재까지 이어져 이후 귤림서원 옛터는 오현단이란 이름으로 통칭되고 있다. 1907년 사립 의신학교가 옛 귤림서원 터에 문을 열었다. 1910년 공립제주농림학교가 옛 귤림서원 터에 설립되어 1940년 광양벌로 이전하였다. 1946년 오현중학교, 1951년 오현고등학교가 옛 귤림서원 터에서 개교하였다. 1972년 오현중·고교가 제주시 화북동으로 이전했으며 학교부지는 민간에 불하되어 제주성 남성 밑 귤림서원 옛터만 남아 있다.

현재 옛터는 귤림서원 옛터라기보다는 오현단이란 이름으로 알려져 있다.

▲ 실천적 의리사상을 바탕으로 일제에 대항해 의병대장으로 나섰던 최익현은 제주 유배기간 송시열의
문집을 읽으며 의리사상을 구체화하였다. 최익현이 유배가 풀려 방문한 방선문계곡.

조선시대 지식인의 소신을 담은 상소

10. 선비는 상소로써 말한다: 최익현/유헌/신명규

조선시대는 유교사회였다. 유교정치에서는 언론(言論)과 학문이 중시되었다. 임금에게 문서의 형식으로 의견을 제시하는 상소(上疏)는 조선시대 중요한 언로(言路)의 하나였다. 지식인들은 상소로써 자신의 소신을 밝혔다. 하지만 상소로 인한 화를 감수해야만 하였다. 임금의 잘잘못을 직언한 상소의 대가는 처절하였다. 임금의 노여움을 사, 외딴섬 절해고도로 정치적으로 추방되었다. 강직한 선비들은 유배의 길을 걸어야만 했던 것이다.

| 의병장 최익현 |

면암(勉庵) 최익현(崔益鉉)은 고종을 대신해 10년간 섭정을 펼친 흥선대원군을 상소로써 퇴출시킨 인물이다. 조선조 제25대 임금 철종은 5명의 아들을 뒀지만 모두 어린 나이에 죽었다. 1863년 철종이 죽자 흥선군 이하응(李昰應)의 아들 고종이 제26대 임금에 오

른다. 당시 고종의 나이는 12세였다. 헌종의 모후 조대비는 수렴청정을 하다 이하응을 흥선대원군으로 봉하고 섭정의 대권을 위임한다. 당시 조선은 순조-헌종-철종에 이르는 60여 년간 안동김씨와 풍양조씨라는 유력 가문이 정권을 독점하는 세도정치의 시기였다.

외척 세도가문들이 국정을 좌지우지하였다. 이에 흥선대원군은 약화된 왕권을 강화하기에 나섰다. 세도정치의 최고 권력기관으로 변질된 비변사를 폐지하였다. 또 당쟁의 근거지라는 이유로 전국 600여 곳의 서원을 철폐하라는 서원철폐령을 내렸다. 1871년(고종 8년) 서원철폐령으로 전국의 서원 중 47개 서원만을 남겨 놓고 나머지 서원들이 헐리는 비극을 맞았다.

최익현은 이에 반발해 1873년(고종 10년) 계유년에 상소를 낸다. 이 상소로 흥선대원군은 집권 10년 만에 물러나고 최익현은 상소의 내용 중 왕을 능멸하는 내용이 많다는 이유로 제주에 위리안치되었다. 최익현은 계유년에 낸 이 계유상소, 즉 '사호조참판겸진소회소'(辭戶曹參判兼陳所懷疏)에서 "다만 이러한 지위에 있지 않고 다만 종친의 반열에 속하는 사람은 그 지위만 높여 주고 후한 녹봉을 줄 것"이라며 서원을 없앤 일 등 임금의 아버지인 대원군의 실정을 일일이 지적하며 직격탄을 날렸다.

최익현은 41세의 나이인 1873년 12월 이진-소안도를 거쳐 조천포를 통해 제주에 왔다. 유배지 처소는 제주 성안 칠성동(현재의 제주시 칠성로 인근) 윤규환의 집이었다. 최익현의 유배 터는 제주시 중앙로 사거리에서 탑동 방향으로 내려가다 첫 번째 만나는 횡단보도 지점 인근이었던 것으로 전해지고 있다. 이 부근은 옛 제주시 상권의 중심이었던 중앙로다. 1980~90년대만 해도 제주시 중앙

▲ 면암 최익현은 제주에서 유배가 풀리자 한라산 등정에 나서, 방선문을 방문해 마애명을 남겼다.

▲ 방선문 계곡의 겨울철 풍경이다. 가운데 벽에 최익현의 마애명이 새겨져 있다.

로와 탑동을 잇는 거리는 특히 젊은이들이 왕래가 잦았다.

최익현은 유배기간 『주자서』를 여러 차례 읽었다. 제주향교에서 우암 송시열의 『우암집』을 빌려 읽었다. 이를 통해 최익현은 실천적 의리사상 또는 의리학풍을 바탕으로 의병운동을 이끌게 된다.

최익현은 유배에서 풀려 1875년 4월 제주를 떠날 때까지 1년 넘게 제주에 머무는 동안 제주 유림에도 영향을 미쳤다. 최익현은 유배에서 풀려 한라산에 오를 때 제주 유림 이기온과 동행하였다. 그만큼 제주의 학자와 가깝게 지냈다는 것을 반증한다. 최익현의 의리사상은 이기온과 그의 아들 이응호에 영향을 줬다. 이응호는 제주유림 12명과 제주도 항일 비밀 결사체인 집의계를 결성한 인물이다.

이기온은 광해군 때 인목대비 폐모를 반대하는 상소로 제주에 유배 온 경주이씨 국당공파 제주입도조인 간옹 이익의 후손이다.

최익현은 1875년 3월 유배가 풀렸다는 공문이 당도하자 귤림서 원 옛터를 찾아 제문을 올려 제사를 지낸다. 최익현은 제문에서 "저 귤림의 서원을 바라보니 제 마음이 즐겁지 못합니다. 서원 자 리에 말을 방목하고 밭을 개간해 제사를 받들지 않으니"(『면암집』) 라고 하였다.

또 제주 유림 이기온과 함께 한라산에 오른다. 최익현은 방선문 을 거쳐 한라산 정상에 올라 얼음 반 물 반의 백록담을 보는 호사 를 누렸다. 또한 영실의 기암을 체험하기까지 한다. 한라산에 올랐 던 감흥은 「유한라산기(遊漢拏山記)」에 고스란히 문자화해 내 후세 에 남겼다. 최익현이 찾았던 방선문 계곡에는 '참판 최익현 이기온 래'(參判 崔益鉉 李基瑥 來)라는 마애명이, 최익현의 자취를 전하고 있다. 참판은 조선시대 육조의 종2품 벼슬로 장관급인 판서 다음가 는 벼슬이다. 최익현의 벼슬인 호조참판은 차관급 벼슬이었던 셈 이다.

최익현은 1876년(고종 13년) 강화도조약(병자수호조약)이 체결 되자 도끼를 들고 병자수호조약의 폐기를 주장하는 내용을 담은 상소를 내 흑산도에 유배된다. 흑산도 천촌마을 입구 바위에 새겨 진 '지장암' 글씨는 최익현의 유배생활을 기록하고 있으며 진리마 을의 옛 샘은 '서당샘'이란 이름으로 전해져 후학 양성에 대한 최 익현의 열정이 현재에까지 전한다. 3년 만에 해배(解配, 유배에서 풀림)되지만 벼슬에 나서지 않았다.

1894년 김홍집 내각이 들어서 개혁정치를 폈다. 조선은 1895년

8월 친러 정책을 이끌었던 명성황후 민비가 일본 낭인과 군인들에 의해 시해되는 을미사변을 겪는다.

최익현은 1905년 을사조약 체결 후 의병을 일으키게 된다. 하지만 74세의 고령이던 1906년 6월 전북 태인에서 "동포끼리 서로 죽이는 것은 차마 할 수 없다" 하며 싸움을 중단하였다. 7월 일본군에 의해 일본 쓰시마섬(대마도)에서 유배생활을 하였다. 쓰시마섬에서 최익현은 강직한 조선 선비의 기개를 숨기지 않았다. 『면암집』의 연보를 보면 일본군이 갓을 벗기고 머리를 깎으려 하자 일본인이 주는 음식을 먹고 그들의 명령에 따르지 않는 것은 의(義)가 아니라며 일본인이 주는 음식을 먹지 않는 단식을 감행하기까지 한다. 최익현은 1906년 11월 타향 쓰시마섬에서 병으로 생을 마감하였다.

| 신유한라산기: 한라산에 올랐던 짧은 여행의 기록 |

최익현은 한라산 등산의 기록 유한라산기에서 제주의 중심에 우뚝 솟은 한라산에 올랐던 대장부로서의 감흥을 담았다.

최익현은 방선문에서 "막 피려고 하는 꽃송이의 고운 얼굴이 또한 심히 아름다운 풍경이었다. 나는 이러한 풍경에 취하여 한참 동안 발걸음을 옮길 수 없었다"라고 쓰고 있다. 한라산 정상인 백록담을 보고서는 "주위는 가히 1리가 넘고, 사면은 맑아 반이 물이고 반이 얼음이다"라고 기록하고 있다.

한라산 등산을 하며 조선시대 선비였던 최익현이 유한라산기를 남겼던 것을 차용해 한라산 등정을 한 후 기록을 남긴다.

한라산에 간다. 2010년 11월 20일 오전 7시 제주도교육청에서 김영학과 같이 간다. 김영학 씨는 제민일보 사진기자를 거쳐 제주특별자치도교육청에서 사진을 담당하는 공무원이다. 제주시청 인근 짱구분식에서 산 김밥 네 줄과 뜨거운 물을 담아서 간다. 면장갑, 선글라스, 카메라 추가 배터리, 모자를 가지고 간다. 겨울 내복을 입었다가 벗는다. 바람막이를 입고 간다. 오전 7시 24분에 한라산 관음사코스 주차장에 도착한다. 관음사코스 안내판을 본다. 한라산은 해발 1,950m로 제주도의 중앙부에 솟아 있다. 동서로 14.4㎞ 남북으로 9.8㎞로 뻗어 있어 동서로 긴 계란 모양이다. 관음사코스는 관음사 탐방로를 출발해 탐라계곡－개미목－용진각－백록담까지 8.7㎞ 코스다. 용진각 계곡, 왕관바위(왕관릉), 장구목 암벽이 절경이라고 소개되어 있다. 관음사－용진각은 6.8㎞로 3시간 30분이 소요되고 관음사－백록담은 8.7㎞로 5시간이 소요된다고 나와 있다.

오전 7시 30분 출발한다. 다시 관음사 주차장에 왔을 때의 시간은 오후 5시 30분이다. 10시간을 한라산에 머문 셈이다.

한라산의 가을이 완연하다. 돌로 된 등산로에는 낙엽이 수북이 쌓여 있다. 등산화와 배낭을 맨 등산객들이 하나둘 보인다. 해가 뜨지 않은 이른 아침이다. 탐라계곡의 가을 풍경이 장관이다. 탐라계곡의 물이 고인 곳에는 어김없이 낙엽이 쌓여 있다. '구린굴 굴빙고'를 지난다. 얼음을 저장했던 곳이라 한다. 1.5㎞를 왔다. 탐라계곡까지는 1.5㎞가 남았다. 오전 7시 55분이다.

▲ 한라산은 제주도를 대표하는 대표 브랜드다. 유배인들은 망망대해에서 한라산을 바라보며 제주에서의 기한이 정해지지 않은
배생활을 예감하였다. 한라산 관음사코스 해발 1,200m에서 1,300m 사이에 자생하는 소나무 군락이 한라산의 위엄을 전하
고 있다.

▲ 한라산 관음사코스에서 볼 수 있는 소나무와 하늘.

탐라계곡은 계곡이다. 다리가 있고 쉴 수 있는 나무의자가 있었다. 관음사코스는 탐라계곡을 따라 3㎞가 이어진다.

8시 14분 한라산에 해가 보인다. 일출이다. 산의 일출은 늦게 온다. '숯가마터'를 지난다. 한라산에 참나무류가 많았다는 것을 전하고 있다. 갈참나무, 굴참나무, 물참나무, 졸참나무로 참숯을 만들었다고 안내판에 적혀 있다. 돌길을 지나자 나무로 된 길이 나왔다. 8시 21분이다. 2.7㎞ 구간은 올라가는 코스가 아니라 나무계단으로 내려가는 코스다. 탐라계곡 입구다. 탐라계곡은 가을이 무르익었다. 탐라계곡 다리에서 커피를 마신다. 영학이 준비해 온 오이도 먹는다. 사람들 몇이 다리 쉼터에서 쉰다. 젊은 여자 2명이 렌즈

교환식 디지털카메라(DSLR)를 들고 산에 오른다. 앞으로의 힘든 여정을 견뎌 낼 수 있을지 궁금하다. 겨울 잠바를 입고 산행하고 있다. 8시 44분, 탐라계곡 대피소에 도착한다. 관음사에서 3.2㎞ 지점이다.

9시 10분 관음사코스 4.1㎞ 지점에서 원점비 표지판을 만난다. 대통령이 제주를 방문하기에 앞서 특전사가 제주에 왔는데 헬기가 추락하였다는 곳으로 군인이 많이 죽었다고 한다. 9시 13분, 소나무 숲이다. 소나무는 지표식물이라고 영학이 이야기한다. 『제주자생식물도감』에 따르면 소나무는 해발 900m에서 1,500m 고지에 서식하는 상록 침엽수다. 너무 작지도 너무 크지도 않은 소나무가 하늘로 곧게 뻗어 있다. 소나무 숲 아래는 조릿대들이 점령하였다. 소나무 숲은 장관을 이뤄 지나는 등산객들의 눈길을 사로잡는다. 소나무 뿌리는 등산로에까지 뻗어 등산로의 일부가 되기도 하였다.

9시 25분 개미목 인근 나무 평상에서 쉰다. 지쳤다. 두 시간을 걸었다. 겨울 잠바가 젖었다. 나도 모르는 사이에 땀이 났던 것이다. 잠바를 벗는다. 하지만 땀이 식으면서 추워졌다. 오래 쉬지 않고 출발한다.

소나무 숲을 지나며 사진가 배병우에 대한 이야기를 꺼낸다. 배병우는 독일제 카메라를 사용해 소나무를 촬영하였다고 한다. 그래서 좋은 소나무 사진이 나온 것일까. 제주의 풍경사진을 찍었던 김영갑은 후지의 필름카메라를 썼다고 한다. 작품사진은 그냥 나오는 것이 아니라 장비가 따라 줘야 한다. 해발 1,300m 이정표를 9시 46분에 지난다.

▲ 한라산 속 삼각봉이다. 삼각봉 근처에는 대피소가 있다.

삼각봉 대피소에 도착한다. 오전 10시 50분이다. 컵라면과 김밥을 먹는다. 김밥을 네 줄 사 왔는데 한 줄씩 나눠 먹는다. 삼각봉 대피소는 대피소일 뿐이다. 음식을 파는 곳이 없다. 대피소와 화장실이 전부다. 관음사에서 6.3㎞ 거리다. 백록담까지는 2.4㎞ 남았다. 왕관릉으로 향한다. 용진각 현수교를 지난다. 옛 용진각 대피소가 있던 곳으로 내려갔다가 급경사를 오르면 왕관릉이다. 한라산 용진각대피소는 1974년 건립되어 한라산을 찾는 등산객들에게 보금 자리를 제공하였다. 하지만 지난 2007년 제주를 강타한 태풍 '나리'로 대피소는 흔적도 없이 사라졌다고 한다. 폭우가 쏟아져 백록담 북벽에서 흘러내린 암반과 급류가 대피소를 덮친 것이다.

왕관릉에 올라 기념사진을 찍고 다시 오른다. 12시 10분께 정상에서 내려오던 여자 등반객이 "조금만 더 가면 정상이에요"라고 말한다. 나는 "고맙습니다"라고 말한다. 힘이 나게 하는 말이다. 12시 36분 한라산 정상에 도착한다. 사람들이 많다. 백록담에는 안개가 끼어 한 치 앞을 볼 수가 없다. 백록담은 자신의 윤곽선을 보여 주기를 허락하지 않았다.

이제는 하산이다. 올라왔던 길을 그대로 내려간다. 삼각봉 대피소에 간다. 오후 3시 12분이다. 날이 어두워질 것이라는 안내 방송이 나온다. 부지런히 내려간다. 손전등을 가지고 오지 않았기 때문

▲ 면암 최익현은 제주 유배가 풀린 후 제주 유림 이기온 등과 함께 한라산에 오른다. 영실코스의 기암절벽이 가을 한라산의 정취를 전하고 있다.

이다. 내려가면서 남은 김밥 두 줄을 먹는다. 걸으면서 먹는다. 부지런히 걷는다. 잠바는 벗는다. 4시 28분에 탐라계곡에 도착한다. 계속 걷는다. 오후 5시 30분 관음사코스의 시작인 주차장에 도착하였다. 신제주의 해장국집에서 굴해장국을 먹는다.

| 유배가 풀려 돌아가다 비운 맞은 유헌 |

조선조 제9대 성종시대는 평화로웠다. 성종은 12명의 부인을 뒀다. 왕비 윤 씨는 성종이 다른 여자들과 밤을 보내는 데에 질투, 성종의 얼굴에 손톱자국을 남겼다. 이 때문에 세자의 어머니인 왕비(폐비 윤씨)는 폐비되고 끝내 사약을 먹었다. 폐비 윤 씨의 아들이 바로 조선조 제10대 임금인 연산군이다. 연산군은 명분과 도의를 중시하는 사림들과 신경전을 펼쳤다. 사림들은 사사건건 간언했으며 학문을 권하였다. 1498년 사림들의 화를 입는 무오사화로 사림 세력이 축출된다. 1504년(연산군 10년)에는 임사홍의 밀고로 생모 폐비 윤 씨의 사약을 먹고 죽은 사사에 대한 사연을 알게 된 연산군은 당시 관련자들에게 처절한 복수극을 펼쳤다. 이를 '갑자사화'라 한다. 갑자사화가 있던 해에 유헌(柳軒)은 조선시대 언론 중의 하나인 경연에서 "내수사의 장리는 나중에 어디에 쓰려는가?"라고 하였다가 연산군의 미움을 받아 제주에 유배되었다. 1506년 중종반정으로 유배가 풀려 제주를 떠났지만 바다에서 해적을 만나 죽었다. 제주에 유배 왔다가 사면되어 돌아가다가 김양보 등과 함께 당한 비운이었다.

조선왕조실록에는 한글의 수난이 기록되어 있다. 1504년 연산군은 폭정을 비방하는 한글(언문) 투서를 빙자해 한글 사용을 금지하였다.

> 전교하기를, "어제 예궐하였던 정부·금부의 당상을 부르라. 또 앞으로는 언문을 가르치지도 말고 배우지도 말며, 이미 배운 자도 쓰지 못하게 하며, 모든 언문을 아는 자를 한성의 오부(五部)로 하여금 적발하여 고하게 하되, 알고도 고발하지 않는 자는 이웃 사람을 아울러 죄 주라(……)" 하였다.

> 傳曰: 其召昨日詣闕政府 禁府堂上 且今後諺文勿敎勿學 已學者亦令不得行用 凡知諺文者 令漢城五部 摘告 其知而不告者 幷隣人罪之 昨日捕罪人節目 城內則已通諭 城外及外方亦諭之(연산군일기, 연산군 10년 1504년 7월 20일 기사)

| 『묵재기문록』을 남긴 신명규 |

조선조 제20대 임금 경종은 숙종과 장희빈 사이의 아들이다. 경종은 비운의 임금이다. 14세 때 어머니 장희빈이 사사되었다. 경종은 1720년 왕위에 올랐지만 자녀 없이 4년 2개월 만에 병으로 죽는다. 이복동생 연잉군(영조)이 경종의 뒤를 이어 왕위에 오른다. 경종시대는 연잉군의 왕세제 책봉을 둘러싸고 노론과 소론이 치열한 정쟁을 벌인다. 신임(申銋)은 1722년 신임옥사(신축옥사, 임인옥사)의 부당성을 지적하는 상소를 냈다가 84세의 고령으로 제주 대정현 감산리에 위리안치되었다. 신임은 영조가 왕위에 오르자 유배가 풀리지만 제주의 거친 바다를 이겨 내지 못한다. 1725년 제주를

출발했지만 풍랑으로 5일 만에 해남에 도착한다. 고령인 데다 바다에서 바람과 파도에 시달린 나머지 해남에 도착하자 병세가 악화되어 죽음을 맞았다. 유배인들에게 제주바다는 녹록지 않은 장벽이었다.

신임의 아버지는 신명규(申命圭)다. 신명규는 현종 14년(1673년) 효종능 관리를 제대로 못 하였다는 이유로 제주 대정현 예례촌(현 서귀포시 예례동)에 유배된 인물이다. 7년 동안 머물며 후학을 양성하였다고 알려져 있다. 문과에 급제한 정의현 유생 오정빈이 신명규의 문하생이었다. 신명규는 제주도의 인정, 풍속, 견문 등을 기록한 『묵재기문록』을 남겼다. 신명규는 천제연폭포를 구경하고 '그 어느 것이나 특이하고 아름답고 유수한 풍치 아닌 것이 없구나'라며 '천하의 절경'이라고 기록하고 있다. 신명규는 1680년(숙종 6년) 진도로 유배지를 옮긴다.

신명규─신임 부자는 나란히 절해고도의 섬 제주에서 유배형에 처해지는 운명을 나눠 가졌다.

가시울타리 안에서 글 가르치며 외로움 달래

11. 제주 유배문화의 산물 추사체: 김정희

헌종 14년(1849년) 추사(秋史) 김정희(金正喜)의 제자 소치 허련(許鍊)이 헌종을 알현한다. 헌종은 제주에서의 김정희의 귀양살이를 묻는다. 제주를 세 번 찾았던 허련은 김정희의 유배생활을 헌종에게 전한다. 탱자나무 가시울타리 안의 벽에는 도배도 하지 않은 방에서 북창을 향해 꿇어앉아 고무래 정(丁) 자 모양으로 좌장에 몸을 의지하고 있다고 말한다. 또 헌종이 무엇을 하며 날을 보내는가라고 묻자, 동네 아이들 서넛이 와서 배우므로 글씨를 가르치며 외로움을 달랜다고 임금에게 아뢴 것으로 전해지고 있다. 추사 김정희는 '귤의 재배지' 제주에서 자기완성을 이뤄 냈고 교육자의 길을 걸었다.

> "그대가 세 번 제주에 들어갈 때 바다의 파도 속으로 왕래하는 것이 어렵지 않더냐?" 내가 대답하여 말씀드리기를 "하늘과 맞닿은 큰 바다에 거룻배를 이용하여 왕래한다는 것은, 삶과 죽음의 갈림길에서 운명을 하늘에 맡겨 버린 것입니다"라고 했습니다. (……) "김 추사의 귀양살이가 어떠하던가?" 하시기에 이렇게 대답했습니다.

(……) "위리 안의 벽에는 도배도 하지 않은 방에 북창을 향해 꿇어 앉아 정(丁) 자 모양으로 좌장에 몸을 의지하고 있습니다." (……) "무엇을 하며 날을 보내는가?" "마을 아이들이 서넛 와서 배우므로 글씨도 가르쳐 줍니다. 만일 이런 것도 없으면 너무 적막하여 견디지 못할 것입니다." (허련, 『소치실록』)

| 당대 최고의 예술가 추사 김정희 |

추사(秋史) 김정희(金正喜)는 조선시대 대표적인 서예가이자 실학자로 1786년 충남 예산에서 태어났다. 아버지는 경주김씨 집안의 김노경이었다. 김정희의 증조할아버지가 되는 김한신은 영조의 딸 화순옹주와 결혼해 월성위에 책봉되었다. 김한신은 아들을 낳지 못하고 39세에 요절하였다. 화순옹주는 슬픔을 이기지 못하고 식음을 전폐하다 생을 마감하고 만다. 남편 사랑이 깊었음을 알 수 있다. 김정희는 네 살 때 김한신의 제사를 하던 김이주의 큰아들 김노영(김노경의 큰형)에 입양되어 조선왕실의 일원이 되었다. 12세 때 양부 김노영이 죽는다. 15세의 나이로 한산이씨와 결혼해 가정을 꾸렸다. 이 무렵 북학파의 석학 박제가에게 글을 배웠다. 이해 (1800년) 정조가 승하하였다.

김정희는 20세에 한산이씨와 사별하고 23세 나이에 예안이씨와 재혼하였다. 김정희는 이후 중국 연경(燕京, 북경의 옛 이름)에서 평생의 스승인 금석학자 옹방강과 학자 완원을 만나 중국 청나라의 실학, 금석학, 고증학을 배운다. 이를 통해 순조 16년(1816년) 북한산에서 진흥왕순수비를 고증해 냈다.

▲ 추사 김정희의 '세한도'

하지만 순조-헌종 때 세도정치를 폈던 안동김씨 세력 때문에 김정희 집안은 위기를 맞는다. 윤상도 옥사와 연루되어 생부인 김노경이 순조 30년(1830년) 고금도에 유배되었다가 풀려난다. 김정희는 헌종 6년(1840년) 재차 제기된 윤상도의 옥사에 연루, 여섯 차례의 고문과 곤장 36대를 맞고 목숨만을 부지한 채 제주 대정에 위리안치하라는 임금의 명령을 받게 되었다.

| 유배 예술의 백미 '세한도' |

김정희가 제주 유배 길에 오른 것은 나이 55세 때인 헌종 6년 (1840년 9월)이었다. 김정희는 해남 이진에서 출발해 하루 만에 화북포구에 도착하였다. 하지만 추사 김정희의 제주도 유배 출발지는 연구자들에 따라 각각 다르다. 박철상(『세한도』)과 양진건(『제주 유배길에서 추사를 만나다』)은 유배 출발지를 해남 이진이라고 하고 있지만 유홍준(『김정희』)과 이상국(『추사에 미치다』)은 완도라고 하고 있다.

첫 유배지 처소는 대정 성안 포교 송계순의 집이었다. 몇 년 뒤 강도순의 집으로 옮긴다. 김정희는 제주에서의 유배기간 동안 자기완성을 위한 길을 걸었다. 또 신분을 뛰어넘는 교학활동을 펼쳤다. 이를 통해 그만의 독특한 서체인 추사체를 완성한다. 특히 제주에 있는 자신에게 연경(현재의 베이징)의 최신 서적을 보내 준 제자 이상적의 인품을 겨울이 돼도 시들지 않는 소나무와 잣나무에 비유해 '세한도'를 그려 고마움의 의미로 선물하였다. 제주 유배 5년째 (1844년) 되던 해에 소나무와 잣나무, 초라한 집과 글을 통해 유배지에서의 처절한 고독과 자신이 그동안 쌓아 왔던 자기완성의 성과를 형상화한다. '세한도'는 고졸미(古拙美)를 전하며 국보 제180호로 사랑받고 있는 작품이다.

김정희는 벗 권돈인에게 보낸 편지에서 70평생에 벼루 10개를 밑창 냈고 붓 일천 자루를 몽당붓으로 만들었다(칠십년마천십연독진천호, 七十年磨穿十研禿盡千毫)고 말하고 있다. 이처럼 한 시대를 풍미한 예술은 각고의 노력에 의한 결과물이었다. 김정희는 제주 유배기간 다섯 차례나 바다를 건너온 초의에게 차를 얻어 마신다. 김정희는 제주의 차 문화에 영향을 미쳤다.

우암 송시열에 대한 존경심으로 제주목의 귤림서원을 찾았다. 오현으로 배향된 송시열에게 잔을 올렸으며 산지천, 안덕계곡, 한라산에 들르는 등 가시울타리에 갇힌 위리안치라고는 했지만 비교적 거동이 자유로웠다. 이것이 제주 주민들에게는 행운이었다.

김정희는 제주에서 수선화와 조우하였다. 김정희는 수선화를 귀한 꽃이라 하며 아꼈다. 수선화를 소재로 시(詩)를 짓는 등 수선에 대한 사랑이 남달랐다. 제주 사람들이 귀한 수선화를 몰라본다고 몹시

▲ 이른 봄. 제주에서 흔히 볼 수 있는 수선화. 수선화의 꽃말은 그리스신화에 등장하는 나르시스와 연관이 있다. 자기 자신의 얼굴에 반했던 나르시스의 자기주의, 자기애가 수선화의 꽃말이다.

▲ 추사 김정희는 헌종 6년(1840년) 윤상도의 옥사에 연루. 제주 대정현에 위리안치된다. 유배지의 가시울타리가 당시의 처절함을 전하고 있다.

안타까워하였다. 김정희는 친구 권돈인에게 보낸 편지에서 "수선화는 과연 천하의 구경거리입니다. (……) 그런데 토착민들은 귀한 줄을 몰라서, 소와 말에게 먹이고 또 짓밟아 버립니다"고 하소연하였다. 수선화는 제주에서 흔하게 볼 수 있는 겨울과 봄 사이에 피는 꽃이다. 칼바람이 스산한 겨울을 지나고 산들바람이 불어오는 봄의 초입, 제주의 돌담 틈이나 소나무가 심어진 공원에서 수선화를 대면하기는 쉽다.

| 김정희의 제주 유배생활 |

김정희는 자신이 머물던 집을 '귤중옥'(橘中屋)이라 하였다. 매화, 대나무, 연꽃, 국화는 어디에나 있지만 귤만은 오직 이 고을의 전유물이라며 자신의 집을 귤중옥이라 이름 지었다. 귤중옥에서 동네 아이들 서넛에게 글을 가르치며 외로움을 달랬다고 전해지고 있다.

> 매화·대·연·국화는 어디에도 다 있지만 귤에 있어서는 오직 내 고을의 전유물이다. 겉빛은 깨끗하고 속은 희며 문장은 푸르고 누르며 우뚝이 선 지조와 꽃답고 향기로운 덕은 유를 취하여 물에 비교할 것이 아니므로 나는 그로써 내 집의 액호를 삼는다(김정희, 「귤중옥서」).

김정희는 '돌에게 경전을 강의하자 그 돌들이 고개를 끄덕였다'는 중국 양나라 고승의 설화와 '위대한 스승을 만나지 않고는 어떤 교육도 가능치 않다는 것'을 지론으로 스승의 길을 걸었다.

대정향교에 들러 학생들을 가르치기도 하였다고 전해지고 있으며, 제주뿐만 아니라 전국 각지에서 김정희를 찾아왔다. 대표적인 제주 제자로는 강도순, 이시영, 박계첨(박혜백) 등이 있다.

60대 나이에 많은 제자를 길러 낼 수 있었던 근간에는 인삼 장복, 차, 단전호흡이라는 비법이 있었다. 김정희는 인삼을 장복하였다. 인삼을 배추나 무 씹듯이 하였다고 알려지고 있다. 단전에 대해 해박해 단전호흡을 했으며 차를 즐겨 건강을 유지했을 것으로 추정되고 있다.

하지만 김정희도 사람인지라 "홍진에 시달린 이 몸 육십 년이 되었구나/나는 세상일 잊으려 자꾸 술만 마시는데"라는 시('우연히 짓다')를 남기는 것으로 보아 나이 60세에 유배지에서의 처량함을 술로 달랬던 것으로 보인다.

김정희는 아내 사랑이 지극하였다. 아내 사랑은 예안이씨에게 보낸 한글 편지로 나타난다. 필요 물품 요구 등 소소하고 아기자기한 가정생활이 한글로 전해지고 있다. 편지를 보면 당시 제주에는 김치가 없었으며 부인이 보내 준 소금 많이 친 김치를 먹었다는 것을 알 수 있다. 특히 김정희가 부인에게 보낸 한글 편지를 보면 한문에도 능했지만 부인을 위해 한글을 익혔던 것을 알 수 있다.

약식, 인절미가 아깝소. 쉬이 와도 성히 오기 어려운데 일곱 달 만에도 오고 쉬워야 두어 달 만에 오는 것이 성히 올까 보오. 서울서 보낸 김치는 워낙 소금을 많이 한 것이라 맛이 변하기는 하였으나 그래도 김치에 주린 입이라 견디어 먹었소. 새우젓은 맛이 변했고 조기젓과 장볶이가 변하지 않았으니 이상하오, 민어와 산포는 괜찮소. 어란 같은 것이나 그 즈음서 얻기 쉽거든 보내 주오. 산채는 더러 있으나 여기 사람은 먹지 않으니 괴이한 풍속이오. 고사리, 소루장이와 두릅은 있어서 간혹 얻어먹소(김정희, 1841년 예산의 아내 예안이씨에게 보낸 편지).

유배 8년 3개월 만인 헌종 14년(1848년) 12월 유배에서 풀린다는 소식을 듣고 화북포구에 있는 해신사에서 해상 안전을 기원하는 제사를 지내고 1849년 1월 제주를 떠난다.

대정읍 안성리 추사유배지는 1984년 터만 남아 있던 강도순의 집터를 복원하였다. 이후 2007년 10월 제주도 지방기념물 제58호 이던 추사적거지의 명칭이 추사유배지로 변경되고 사적 제487호로 승격되었다. 2010년 추사관(사업비 총 75억 원)이 개관되어 추사 김정희의 제주 유배를 전하고 있다.

> 전 참판 김정희가 죽었다. 김정희는 이조판서 김노경의 아들로서 총명하고 기억력이 투철하여 여러 가지 서적을 널리 읽었으며, 금석문과 도사에 깊이 통달하여 초서·해서·전서·예서에 있어서 참다운 경지를 신기하게 깨달았었다. 때로는 혹시 거리낌 없는 바를 행했으나, 사람들이 비판하지 못하였다. 그의 아우 김명희와 더불어 형제간의 화목함처럼 서로 화답하여 울연히 당세의 대가가 되었다. 젊어서는 명예를 드날렸으나, 중도에 가화를 만나서 남쪽으로 귀양 가고 북쪽으로 귀양 가서 온갖 풍상을 다 겪었으니, 세상에 쓰이고 혹은 버림을 받으며 나아가고 또는 물러갔음을 세상에서 간혹 송나라의 소동파에게 견주기도 하였다.
>
> 前參判金正喜卒 正喜 吏判魯敬子 聰明强記 博洽群書 金石圖史 窮徹蘊奧 艸楷篆隸妙悟眞境 時或行其所無事 而人不得以雌黃 與其仲弟命喜 塤箎相和 蔚然爲當世之鴻匠 早歲蜚英 中罹家禍 南竄北謫 備經風霜 用舍行止 世或比之於有宋之蘇軾(철종실록, 철종 7년 1856년 10월 10일 기사, 「전 참판 김정희의 졸기」).

조선왕조실록은 김정희의 죽음을 담담하게 그리고 있지만 그 문장 속에는 김정희의 예술혼이 깊이 스며 있다.

| 대정고을에 조성된 추사유배길 3개 코스 |

　제주에서 귀양살이를 했던 추사 김정희의 제주 유배생활 콘텐츠를 활용한 길이 개발되어 지난 2011년 5월 개장되었다. 유배를 전공하고 있는 양진건 교수가 이끄는 제주대학교 스토리텔링 연구개발센터가 진행하는 '제주 유배문화의 녹색관광자원화를 위한 스토리텔링 콘텐츠개발사업'의 일환으로 서귀포시 대정읍 대정마을 일원에 추사유배길 3개 코스가 개발되었다. 추사유배길은 김정희의 제주 유배 콘텐츠를 바탕으로 역사와 문화를 담아내고 있다. '추사에게 길을 묻다'라는 주제로 김정희의 파란만장한 제주 유배생활을 고스란히 체험할 수 있도록 기획되었다.

　추사유배길 제1코스 '집념의 길'은 제주추사관 주차장을 출발해 추사관 - 송죽사 터 - 1차 적거지 터 - 두레물 - 동계 정온 유허비 - 한남의숙 터 - 정난주 마리아 묘 - 남문지 못 - 단산 - 세미물 - 대정향교 - 추사관 주차장을 잇는 순환 코스로 8.6㎞ 코스로 개발되었다. 단산과 산방산을 바라보며 걸을 수 있는 길로써 천주교 박해로 제주까지 유배 왔다가 생을 마감한 정난주 마리아가 묻힌 천주교 성역은 천주교인이라면 한 번쯤 들를 만한 순례자의 길이다. 대정향교에서 바라본 산방산과 단산 그리고 멀리 보이는 한라산은 운치가 있다.

　추사유배길 제2코스 '인연의 길'은 제주추사관 주차장을 출발해 추사관 - 수월이 못 - 제주옹기박물관 - 곶자왈지대 - 편지방사탑 - 서광승마장 - 오설록을 잇는 8㎞ 코스다. 제주추사관에서 오설록까지 가면 녹차 향기 가득한 차밭을 만날 수 있다. 오설록은 제주를 찾는 관광객들이 가장 선호하는 관광지 가운데 하나다.

추사유배길 제3코스 '사색의 길'은 대정향교 주차장-완당인보-
산방산-추사 아호-안덕계곡 등을 잇는 10.1㎞ 코스로 이루어져
있다. 대정향교에서 산방산과 들판을 배경으로 그림같이 펼쳐진
제주의 자연을 배경으로 걸을 수 있는 길이다.

제주의 빼어난 자연 풍광을 배경으로 걷는 제주 올레가 있긴 하
지만 걸으면서 자신의 과거의 삶과 조선시대 위대한 예술가의 힘
겨운 삶을 자기 자신의 마음속에 비추어 미래의 '나'를 찾게 하는
고행의 유배길은, 걷는 이에게 의미 있는 길 걷기를 제공해 준다.

▲ 추사관 앞 추사유배길 제1코스를 어린이들이 체험하고 있다. 추사유배길 제1코스는 집념의 길로 명명되었다.

성리학의 굴레에서 속박받은 불교와 천주교

12. 유배인 술을 빚다: 보우/정난주/노씨부인

나이 어린 세자가 왕위에 오르면 왕후의 수렴청정을 받게 된다. 임금의 어머니 또는 할머니가 임금의 뒤에서 발을 치고 아들과 손자를 대신해 정치하게 되는데 이를 수렴청정이라 한다. 조선왕조 500여 년 동안 수렴청정은 모두 여덟 차례였다. 일부 수렴청정 시기는 종교가 부흥했던 시기이기도 했고 수난의 시기이기도 하였다. 종교인으로서 허응당(虛應當) 보우(普雨)와 정난주 마리아가 푸른 바다를 건너 제주에 유배 와 한 많은 생을 마감한다.

| 불교 부흥 꾀한 허응당 보우 |

연산군의 폭정은 중종반정에 의해 막을 내렸다. 중종의 아들 인종은 왕위에 오른 지 9개월 만에 후사 없이 죽고 만다. 1545년, 인종의 이복동생 경원대군(명종)이 왕위에 오른다. 12세의 어린 나이에 왕위에 오른 명종은 중종의 두 번째 계비이자 자신의 어머니인

▲ 조선조 명종 때 문정왕후의 수렴청정 아래 보우대사는 선교양종을 다시 세우고 승과를 부활시키는 등 불교 부흥을 꾀하였다. 하지만 문정왕후가 죽자 유림들의 탄핵으로 제주에 유배돼 최후를 맞이한다. 제주시 조천읍 평화통일불사리탑에 세워진 허응당 보우의 순교비

문정왕후 윤 씨의 수렴청정을 8년 동안 받게 된다.

조선은 숭유억불 정책을 폈다. 고려 때 시행됐던 승과가 폐지되고 사찰의 토지가 몰수되는 등 불교를 억압하였다. 독실한 불교 신자였던 문정왕후는 1548년 스님 보우(普雨)를 봉은사(서울 삼성동 소재) 주지로 발탁한다. 이후 보우는 문정왕후의 후광을 입고 불교 부흥에 나섰다. 보우는 선종과 교종을 다시 세우고 도첩제도를 부활시켰으며 과거시험에 승과를 설치한다. 도첩은 국가가 주는 승려 면허증으로, 승려는 이 제도에 의해 보호받았다. 승과를 통해 서산대사와 사명대사가 배출되었다. 이에 유림은 빗발치는 상소로써 보우의 정책에 강력하게 반발하고 나선다. 하지만 문정왕후는

이에 아랑곳 않고 불교 부흥을 강하게 밀고 나갔다.

하지만 명종 20년(1565년) 문정왕후가 죽자 유림의 탄핵 상소가 이어졌다. 성균관 유생들은 보우를 처벌할 것을 임금에게 아뢰지만 임금이 받아들이지 않자 성균관을 비우기까지 한다. 결국 1565년 6월 보우는 제주 유배형에 처해졌다.

제주에서 보우는 제주목사 변협에 의해 장살(杖殺, 맞아 죽는 것) 당한다. 보우의 나이 56세였을 것으로 추정되고 있다. 정확한 나이는 밝혀지지 않고 있다. 이듬해 선교양종, 승과, 도첩제도 등이 모두 폐지되고 말았다.

보우는 15세 때 금강산 마하연사에서 출가한 것으로 알려져 있으며 『허응당집』, 『나암잡서』 등의 저술을 남겼다. 옛 제주의 관문이었던 조천포구가 내려다보이는 조천읍 조천리 소재 평화통일불사리탑에 허응당 보우대사 순교비가 세워져 비운의 삶을 전하고 있다.

불교계에서 제주에 유배 온 인물로는 보우 스님, 행호 스님, 지안 스님 등이 있다.

> 허깨비가 허깨비 마을에 들어가
> 오십여 년을 미치광이 장난쳤었지.
> 인간의 영욕을 한껏 희롱하다가
> 스님의 탈을 벗고 저 하늘로 올라가네
>
> 보우, '임종게'(臨終偈) 중에서, 『허응당집』

종교인이 정치와 가까이해 권력을 잡았다가 권력의 힘이 없어지자 하루아침에 나락으로 떨어진다는 것을 보우가 여실히 보여줬다.

| '신앙의 증인' 정난주 마리아 |

조선조 제23대 임금 순조는 정조의 둘째 아들이다. 첫째인 문효 세자는 일찍 죽었다. 1800년 6월 정조가 승하하자 이해 7월 순조는 11세의 어린 나이에 왕위에 올랐다. 나이 어린 순조를 대신해 영조의 계비 정순왕후 김 씨가 수렴청정한다. 정순왕후는 천주교 탄압에 앞장섰다. 순조 1년(1801년) 언문(한글) 교지를 내려 천주교 금지령(박해령)을 선포하였다.

100여 명의 천주교 교도가 처형되고 400여 명이 유배되었다. 이를 신유박해(辛酉迫害)라 한다. 이승훈, 정약종, 권철신이 죽고 정약용과 정약전이 유배형에 처해졌다. 황사영은 길이 62㎝, 너비 38㎝의 비단에 한 줄에 110자씩 121행을 써 모두 1만 3,000여 자로써 신해박해에서의 천주교에 대한 박해와 천주교 부흥책을 논하였다.

▲ 신유박해의 참상을 알리는 글을 적은 황사영 백서가 들통 나며 황사영의 부인 정난주가 제주 대정현에 유배된다. 정난주의 묘가 있는 천주교 대정성지.

비단 천에 검은 먹으로 쓴 황사영 백서는 중국 베이징의 주교에게 전달하려 하였지만 발각되고 말았다. 이로써 황사영은 처형되었다.

이와 연관되어 황사영의 처 정난주[丁蘭珠 또는 정명련(丁命連)] 마리아가 제주 대정에 유배되었다. 2001년 발간된 천주교 제주교구의 『제주 천주교회 100년사』에 따르면 마리아의 이름이 명련으로 나온 기록이 있으며, 훗날 채록한 증언 기록에서는 난주로 기록되어 있다. 마리아는 세례명이다. 정난주는 정약현의 딸이다. 정약현의 형제들을 보면 정약종, 정약전, 정약용이 있다. 고모부는 조선 천주교 사상 최초의 영세자인 이승훈(세례명 베드로)이다.

흑산도에서 유배생활을 한 손암 정약전은 어류 백과사전인 『자산어보』를 남겼으며 강진에서 유배생활을 한 다산 정약용은 다산초당에서 『목민심서』를 펴냈다.

정난주는 18세 되던 해인 1790년 16세의 황사영(알렉시오)과 결혼해 1800년 아들 황경한(黃景漢)을 낳았다. 황사영 백서 사건으로 정난주는 제주로 유배되었다. 제주로 향하던 중에 두 살 난 아들을 추자도에 내버리고 간다. 황경한은 추자의 황씨 입도조가 되었다.

제주 인물사를 다룬 책자를 보면 황경한은 정난주가 제주로 유배 가는 길에 험한 바다 물살을 우려해 아들을 살리기 위해 추자도에 남겨 됐다는 기록이 있는가 하면 정난주의 아들은 추자도에 유배되었다는 이야기도 있다. 정난주의 이름이 그러하듯 기록 속의 아들의 이름도 달랐다. 『제주 천주교회 100년사』를 보면 아들의 이름은 『사학징의』에는 황경한으로 기록되어 있으며 족보에는 '경헌'(敬憲)으로 수록된 반면 전승 기록은 '경헌'(景憲)으로 표기되어 있다.

추자도에 전해지는 이야기에 따르면 1801년 정난주는 제주로 향하다 추자도 예초리 앞을 지난다. 추자도의 바닷가 '물생이끝'은 물살이 아주 센 바다였다. 정난주는 아이(황경한)를 제주까지 데리고 갔다가는 생명을 부지하지 못할 것 같아 추자도 섬바위에 내려 놓았다. 예초리 사람 오상선이 이 아이를 발견해 키웠다고 전해진다. 이 때문에 이후 추자도 황 씨와 오 씨 집안은 혈연으로 여겨 결혼을 하지 않았다고 한다. 아이의 배내옷에 아이의 이름이 적혀 있었다고 한다.

정난주는 화북포구를 통해 제주에 도착해 중산간 길을 거쳐 멀고 먼 대정현의 유배지로 향하였다. 대정에서 관비 생활을 했던 정난주는 마을 사람들로부터 '서울 할머니'로 불리다 1838년 2월 66세의 나이로 생을 마감한다.

『제주 천주교회 100년사』를 보면 정난주는 제주에 처음으로 천주교 신앙을 알린 인물로 기록되고 있다. 2009년 발간된 『신성백년사』에는 '신앙의 증인' 정난주에 이어 1845년 김대건 신부가 제주에 표착해 한경면 용수 앞바다에서 미사를 봉헌하였다고 기술되어 있다.

대정에 있는 정난주의 무덤은 1970년대 초에 발견되어 1990년 제주 선교 100주년 기념사업으로 천주교 대정성지 성역화 사업을 펼쳐 지난 1994년 새 단장되었다. 옛 대정현의 중심이었던 대정고을에 가면 모슬봉을 조망할 수 있는 넓은 들판에 정난주 마리아의 묘가 순례자들의 발길을 기다리고 있다. 십자가에 못 박힌 예수의 종교적 고통이 느껴진다.

| 인목대비의 어머니 노씨부인 |

조선조 제15대 임금 광해군은 왕위에 대한 불안감을 안고 있었다. 광해군이 서자였기 때문이다. 선조와 계비 인목왕후 사이에서 태어난 적자 영창대군은 '칠서의 옥'(1613년)에 연루되어 증살(아궁이에 쉴 새 없이 불을 지펴, 갇힌 방의 열기로 죽게 하는 것)된다. 영창대군을 왕으로 옹립하려는 역모를 꾀하였다는 이유로 인목왕후의 아버지 김제남은 사사되고 인목왕후의 어머니 노씨부인(盧氏夫人)은 제주에 유배된다. 조선왕조실록의 1618년(광해군 10년) 10월 15일자 기사는 김제남의 처 노 씨를 제주에 유배하였다는 기록을 그대로 전하고 있다.

노씨부인이 제주바다를 건넌 때는 광해군 10년(1618년)이었다. 노씨부인은 제주 유배생활 동안 생계를 위해 술을 빚어 팔았다. 조선왕조실록에는 영흥부원군이었던 김제남의 부인이 제주에서 술을 판 사연이 담겨 있다.

> 연흥부원군의 부인을 제주에서 맞아 올 것을 명하였다. 부인이 배소에 있을 때 목사(牧使) 양호(梁濩)가 적신의 뜻에 맞추어 온갖 침해를 가하였다. 일찍이 술을 팔아 생계를 유지하였는데, 이때에 이르러 승지 정립 등을 보내 맞아 왔다.
>
> 命迎延興府院君夫人(慈殿之母也) 于濟州 夫人在配 牧使梁濩希賊臣之意 侵辱備至 嘗賣酒爲生 至是 遣承旨鄭岦等 往迎之(인조실록, 인조 1년 1623년 3월 14일 기사).

노씨부인이 빚었던 술을 '모주'(母酒)라고 하였다. 이성우의 『한국식품사회사』를 보면 모주는 술지게미를 재탕한 막걸리다. 왕비의 어머니가 만든 술이라고 해서 대비모주라고 부르다가 대비를 빼고 모주라 불렀다고 소개하고 있다.

노씨부인의 제주 유배지는 현재의 화북2동 거로마을이었다. 외딴섬 제주에서의 황량한 유배생활도 서러운데 엎친 데 덮친 격으로 제주목사 양호는 노씨부인을 괴롭혔다. 이에 유배인의 관리를 담당(보수주인)하던 전량이 자기 처로 하여금 노역을 대신하도록 해 노씨부인을 보호하였다.

보수주인(保授主人)은 유배지에서 유배인의 숙식을 책임지는 사람을 말한다. 보수주인은 유배인을 감시하고 관리하는 역할도 담당하였다.

1623년 인조반정으로 광해군이 폐출되자 노씨부인은 유배에서 풀려난다. 노씨부인을 괴롭혔던 양호는 처형된다. 노씨부인을 도왔던 전량은 무관 벼슬의 하나인 첨사직을 받는다.

▲ 제주도를 상징하는 산은 한라산이다. 한라산 정상 백록담은 등산객들이 오르고 싶은 장소다.

"내 사랑이 살게 되는 것은 내가 죽는 것"

13. 유배인의 제주여인과의 사랑: 조관빈/조영순/조정철

한라산은 제주도의 중앙에 솟아 있는 산이다. 제주섬 어디에서나 한라산을 볼 수 있다. 제주의 동서남북, 보는 위치에 따라 한라산은 달리 보인다. 한라산(漢拏山)은 은하수를 끌어당길 수 있는 높은 산이라 해서 붙여진 이름이다. 해발 1,950m 정상에는 백록담이 있다. 조선시대 제주에 유배 왔던 유배인들은 망망대해에서 한라산을 보며 제주를 찾았다. 유배인들은 기한이 정해져 있지 않은 유배형을 살아야만 하였다. 3대에 걸쳐 제주에 유배 왔던 조관빈(趙觀彬), 조영순(趙榮順), 조정철(趙貞喆)은 한라산 정상에 올라 유배 왔던 기록을 한라산 정상 백록담 암벽에 새겼다. 암벽에 직접 새겨 넣은 것이 아니라 붓으로 종이에 쓴 후 동네의 건장한 일꾼들로 하여금 새기도록 해 이들에게 일감을 주었으리라.

| 조정철 집안의 3대에 걸친 제주 유배 |

조정철(趙貞喆)은 정조 1년(1777년) 제주를 찾았던 유배인이었다. 순조 11년(1811년) 제주목사로 다시 제주를 찾았던 목민관이기도 하다. 제주목사는 현재 시점에서 보면 제주도지사 직위다. 조정철의 증조부는 경종 때 김창집, 이이명, 이건명과 함께 노론 4대신으로 알려진 조태채다.

1720년 숙종과 장희빈 사이에서 태어난 아들 경종이 왕위에 올랐다. 하지만 경종이 병약하고 후사가 없자 노론 대신은 연잉군(영조)을 왕세제에 책봉하자고 주장한다. 연잉군의 왕세제 책봉을 둘러싼 노론과 소론의 치열한 싸움으로 조태채는 진도로 유배된다. 이를 신임옥사(신축옥사, 임인옥사)라 하는데 이와 연좌되어 1723년 조태채의 장남 조정빈이 제주 정의현에 유배되며 차남 조관빈(趙觀彬)은 흥양현(고흥), 3남 조겸빈(조정철의 할아버지)이 거제도에 유배되었다가 영조가 왕위에 오르자 유배가 풀린다.

조정철의 종조부인 조관빈은 영조 7년(1731년) 영조의 탕평책에 대해 '음도 아니고 양도 아니'라는 상소를 올렸다가 제주 대정현에 유배되었다. 조관빈은 이해 12월 제주에 와서 대정현 대정성 북문 김호의 집에 6개월간 머물다 해배된다. 1732년 한라산에 올라「유한라산기」를 남겼다. 제주에서 쓴 시문을 담은『회헌집(悔軒集)』을 남기고 있다.

▲ 한라산 백록담 동쪽 바위에 새겨진 조관빈과 조영순의 마애명. 조관빈은 조정철의 작은 할아버지, 조영순은 조정철의 아버지다. 같은 글씨체인 것으로 봐 같은 시기에 새겨진 것으로 추정된다.

시골 아낙 옷깃 없이 알몸을 드러내고
병(허벅)을 지고 먼 곳의 물을 길어오다
두 아내가 한 집에 있으니 생활이 곤란한데
저물녘 방아소리에 원성도 많구나

조관빈, 「탐라잡영」 중에서

조관빈의 「탐라잡영」(耽羅雜詠)을 보면 "두 아내가 한 집에 있으니 생활이 곤란한데"라며 제주의 처와 첩의 한집안살이 풍경을 기록하고 있어 이채롭다.

조정철의 아버지 조영순(趙榮順)은 영조 30년(1754년) 영의정 이천보를 비판하는 상소를 올렸다가 제주 대정현에 유배된 바 있다.

조관빈과 조영순은 제주에 유배된 사연, 한라산 정상을 밟은 연도와 달을 백록담 동쪽 바위에 마애명으로 남겨 설움의 유배생활을 전하고 있다.

제주도에서 발간한 『제주도 마애명』에 따르면 1732년 3월에 조관빈은 대사헌으로 간언을 올린 일 때문에 귀양 오게 되어 한라산의 절정에 올랐다. 조영순은 부수찬으로 간언에 관한 일 때문에 제주에 유배 오게 되었으며 한라산의 정상에 올랐다. 1755년 3월이다. 이 같은 내용은 백록담 바위에 나란히 기록되어 옛이야기를 말하고 있다.

조정철의 마애명은 한라산 동쪽 바위에 있다가 낙반으로 백록담 물가로 옮겨져 파란만장한 조정철의 삶을 전하고 있다. "조정철은 정유년(정조 1년, 1777년) 이곳으로 귀양 와서 경술년(정조 14년, 1790년)에 풀렸다. 조정철은 신미년(순조 11년, 1811년)에 방어사로 와서 이곳 절정에 이르다"라고 기록하고 있다. 마애명은 암석이 무너져 내리면서 아랫부분이 파손되어 있다.

| 조정철과 홍윤애의 애달픈 사랑 |

조선조 제22대 임금 정조는 뒤주에 갇혀 죽은 사도세자의 아들이다. 정조시해 사건에 연루, 조정철은 정조 1년(1777년) 제주목에 유배된다. 조정철의 장인은 홍지해다. 홍상범, 강용휘 등이 정조의 이복동생 이찬을 내세워 반역을 꾀하다 실패한다. 죄인을 신문하는 과정에서 홍상범의 여종인 감정이 조정철의 집에 드나들었다는

▲ 유배인 조정철과 애틋한 사랑을 나눴던 제주여인 홍윤애의 묘가 있던 터. 제주시 전농로의
옛터에는 표지석만 남아 있다.

진술이 나온다. 조정철은 참형의 위기를 맞지만 영조의 왕세제 책
봉에 공헌한 증조부 조태채의 공적을 감안해 사형보다 한 단계 낮
은 유배형을 선고받았다. 조정철이 1777년 9월 제주로 유배되자
유배형의 빌미가 되었던 여종 감정과 접촉했던 조정철의 아내 홍
씨는 시댁에 대한 죄의식으로 자결하고 만다.

조정철의 유배지 처소는 제주성 신호(보수주인)의 집이었다. 조
정철은 시문집 『정헌영해처감록』을 남겼다. 『정헌영해처감록』에
는 유배인 조정철과 제주여인 홍윤애(洪允愛)의 애절한 사랑이야기
가 담겨 있다. 조정철은 제주에 유배되자 아내 홍 씨의 죽음을 접
한다. 그의 나이 27세 때였다. 유배인의 처소에 스무 살 남짓한 젊

▲ 제주시 애월읍 유수암리에 곱게 단장된 홍윤애 묘소.

은 제주여인이 때때로 드나들며 인연을 맺었다. 제주여인은 향리 홍처훈의 딸 홍윤애다. 홍윤애는 어린 기녀로 면천되어 집에 있다가 때때로 조정철의 처소에 출입하였다. 조정철과 홍윤애는 사랑을 키우게 되고 사랑의 결실로 사랑스런 딸을 얻었다.

하지만 조정철 가문과 원한을 갖고 있던 김시구가 제주목사로 오면서 젊은 남녀의 사랑은 비극적인 최후를 맞는다. 홍윤애가 조정철의 유배지 처소에 출입하는 것을 안 김시구는 조정철을 '고을의 여자 하인(읍비, 邑婢)과 간음하였다'는 죄목으로 옭아매려 한다. 김시구는 이에 대한 자백을 이끌어 내기 위해 홍윤애를 서까래와 같은 매로 70대를 때렸다. 홍윤애는 행여 조정철이 해를 입을까

봐 이에 불복하였다. 끝내 목을 매 자살하기에 이른다. 정조 5년 (1781년) 윤 5월 15일의 일이다.

양주조씨 사료선집을 보면 홍윤애는 관아로 잡혀 가기 전 딸을 한라산으로 피신시킨다. 출산한 지 3개월여로 유방이 불어 있던 홍윤애는 고문 때 처녀의 몸으로 왜 유두와 유방이 부풀었는지를 묻자 태어난 원래 체질이 그렇다고 완강하게 입을 열지 않고 불복해 끝내 죽음의 길을 택하였다고 전해지고 있다. 홍윤애의 죽음으로 김시구는 파직당하고 안핵어사 박천형이 제주에 온다. 조사를 끝낸 조정철은 100여 일 동안 갇혔던 옥에서 풀려난다. 관아로부터 배소를 옮기라는 명령을 받는다. 보수주인 김윤재의 집으로 옮긴다. 이후 1782년 제주 정의현(중심지는 현재의 성읍) 김응귀의 집으로 유배지를 옮겼다. 보수주인 김응귀가 자신이 쓴 편지 때문에 체포되었다가 다행히 풀려나는 사건이 발생하였다. 이 사건 이후 조정철은 더 이상 시를 짓지 않겠다고 선언한 후 절필하고 만다. 그의 문집 『정헌영해처감록』의 기록이다.

조정철은 1790년 9월 추자도로 이배되며 1803년 전라도 광양을 비롯해 이곳저곳 옮겨 다니다 1805년 7월 석방되었다. 제주에서만 27년의 유배생활을 한 셈이다.

순조 11년(1811년) 61세의 나이로 조정철은 제주목사로 부임해 1년여 동안 머물다 떠났다. 이 기간 자신을 위해 희생의 길을 택한 홍윤애의 묘를 찾아 묘비명을 쓴다. "홍 의녀는 '공이 살게 되는 것은 내가 죽는 것에 달려 있다'라며 간사한 사람의 계략에 불복하였다"라는 애달픈 비문을 남겼다. 홍윤애의 묘는 화사한 봄이면 벚꽃길로 아름다운 제주시 전농로에 위치해 있다가 제주공립농업학교

가 전농로에 들어서자 평화로 인근 애월읍 유수암리로 이장해 현재
에 이르고 있다.

　조정철과 홍윤애의 애달픈 사랑 이야기는 제주 창작 오페라 <백
록담>으로 작품화되어 문길상(조정철의 분신)과 구슬이(홍윤애의
분신)가 되어 무대에 올라 그리워하는 사랑을 만난 바 있다.

　조정철의 시문집 『정헌영해처감록』에는 신분을 뛰어넘은 유배
인과 현지 여인과의 애틋한 사랑, 목사나 현감의 유배인에 대한 굴
욕적인 점고(點考), 절해고도에서의 유배인의 처절한 삶이 생생히
담겨 있다. 점고는 유배인이 유배지 처소에 잘 있는지를 관아에서
점검하는 조치이다. 유배인들은 한 달에 두 차례 마을 수령의 점고
를 받았다. 조정철은 힘겨운 점고 후 분통한 마음을 시로 남겼다.

> 절뚝거리며 관아마당에 서니
> 몸은 마르고 수염은 흐트러져
> 비록 살아 있어도 내 모습 멍하니
> 만약 죽는다면 이 마음 달게 받으리
> 억울한 눈물 천 가닥
> 슬픈 노래 수많은 곡조
> 임금 그리는 신하의 간절한 생각
> 어느 날에 성은을 베푸실 건가.
>
> 조정철, 『정헌영해처감록』 중에서

　특히 「탐라잡영」, 「귤유품제」를 비롯해 제주에서 쓴 글은 유배
인이 본 18세기 제주민들의 생활상을 고스란히 담고 있다.

유배인과 제주문인 귤밭에서 시를 짓다

14. 제주에서 시와 벗하다: 김윤식/안조원

제주도는 한반도 남서 해상에 있는 섬이다. 한양(서울)과의 거리는 450㎞, 목포와의 거리는 142㎞다. 제주도에서 펴낸 『제주도지』를 보면 제주도는 장축 74㎞와 단축 32㎞의 타원형으로 총면적은 1,824.9㎢다. 제주는 조선시대 유형의 섬이었다. 저마다 한 많은 사연을 가진 유배인들은 짙푸른 바다를 건너 제주를 찾아야만 하였다. 유배인 김윤식은 시(詩)창작 모임을 결성, 제주 사람과 함께 시를 지었다.

| 한말 지식인 김윤식 |

한말의 대표적인 지식인인 운양(雲養) 김윤식(金允植)은 1895년 8월 명성황후 민비가 일본 낭인과 군인들에 의해 시해되는 을미사변에 연루되어 고종 34년(1897년) 12월 제주로 종신유배형의 명령을 받았다.

▲ 제주시 제주항 인근의 탑동 매립지.

김윤식은 나이 40세(1874년)에 문과에 급제해 벼슬에 올랐던 인물이다. 순천부사, 영선사를 역임하였다. 5년 6개월 동안 충청도 면천에 유배되었던 김윤식은 1894년 갑오개혁으로 김홍집 내각이 들어서자 외무대신으로 발탁되었다. 1896년 고종이 러시아 공사관으로 피신하는 아관파천으로 김홍집 내각이 무너지고 친러파 내각이 들어서자 김윤식은 명성황후 시해의 음모를 사전에 알고서도 방관하였다는 탄핵을 받아 제주에 유배되었다.

김윤식은 1898년 1월 6일 인천항에서 해룡함(기선)에 올라 제주로 향한다. 군산항-목포항-소안도를 거쳐 1월 11일 제주 산지포 (현재의 제주항)에 도착하였다. 김윤식의 일기『속음청사』를 보면 "선체는 거대한 물결에 솟구쳤다 잠겼다 하고 파도는 산처럼 일어나니 일행들은 위, 아래층에 쓰러지고 넘어져 토하면서 웩웩거리는데 사색이 다 되었다"고 기록, 거친 겨울 바다 항해를 묘사하고 있다.

조선시대 유배인의 통상적인 뱃길은 해남 또는 강진, 이진에서 출발해 별도포(화북)를 통해 제주에 도착하는 것이었다. 김윤식은 인천항을 출발, 산지포로 제주에 도착하였다. 산지포는 현재의 제주항이 있는 곳을 말한다. 일제강점기 이후 산지포는 제주항으로 탈바꿈되었다. 제주항 인근에는 산지천이 있다. 산지천은 도시미관 등 이유로 1960년대 말 복개사업을 거쳐 복개되었다가 1998년 복개 건물이 철거되어 하천을 되찾았다. 복원된 산지천에서는 철새들이 날아와 휴식을 취하기도 하고 물고기들이 유유자적하게 물속을 노니는 것을 목격할 수 있다. 산지천 복원은 이후 서울의 청계천 복원의 롤 모델이 되었다.

제주에 도착한 김윤식은 40여 일간 감옥에 머물다 제주성 내 교동(현 제주시 관덕로) 김응빈의 집에 유배지 처소를 마련하였다. 김윤식은 "주인의 접대도 아주 후했으며 내놓는 음식도 풍미가 입에 맞아, 서울 맛이 안 나는 게 없다. 적객의 신분으로는 더욱 분에 넘친다"고 유배지 처소를 찾은 소감을 일기에 기록하고 있다. 이후 김윤식은 유배인이면서도 비교적 자유로운 생활을 누린다. 김윤식은 1901년 2월 김응빈의 집 이웃에 이윤성의 집을 매입해 배소를 옮겼다. 김윤식은 제주에서 소실을 얻었다. 유배 왔던 1898년 여름,

의실을 소실로 맞아들여 밥을 짓고 빨래하는 임무를 맡겼다. 의실은 이듬해 여름, 아들 영구를 낳았다.

김윤식의 제주 유배생활에서 이채로웠던 것은 시모임인 귤원시회의 조직이다. 시회 '귤원'(橘園)은 1898년 4월 22일 김윤식의 유배지 처소에서 첫 모임을 가졌다. 이해 연말까지 20여 회에 걸쳐 문학활동을 펼쳤다. 귤원에는 유배인뿐만 아니라 제주지역 문인들이 대거 가입해 시를 지었다. 김윤식의 일기를 통해 보면 귤원에는 유배인 7명과 홍종시 등 제주문인 10여 명, 제주체류자 5명 등 20여 명이 참가하였다.

김윤식은 유배기간 귤림서원, 사라봉, 용연 등을 방문하였다. 일기에는 광견병 유행, 잠녀(통상적으로 해녀)의 작업 등 제주의 생생한 생활상을 담아내고 있다.

1898년 12월 제주 유배형이 내려진 때부터 1901년 7월 전라도 지도로 유배지가 옮길 때까지의 일기가 『속음청사』(제주문화)다. 특히 일기에는 1898년 방성칠의 난과 1901년 이재수의 난 등 격동기의 제주를 고스란히 담고 있다. 김윤식은 방성칠의 난 때는 김녕, 종달을 거쳐 성산 시흥에 피신하였다. 시흥을 성산읍 지역 주민들은 '심돌'이라고 부른다.

천주교의 교세 확장에 따른 폐단으로 천주교도들이 대량 학살됐던 이재수의 난이 제주를 휩쓸었다.

제주 출신의 소설가 현기영 작가는 김윤식의 『속음청사』를 바탕으로 1900년대 초 제주에 몰아친 광풍인 이재수의 난을 소설화한 『변방에 우짖는 새』를 썼다고 알려져 있다.

이재수의 난이 수습되자 제주의 유배인들은 다른 지역으로 이배

▲ 제주에 유배 온 한말 지식인 김윤식은 제주에서 귤림시회를 조직해 유배인, 제주 사람과 어울리며 시를 지었다. 유배생활이 비교적 자유로워 사라봉에 오르기도 하였다. 사라봉 정상에서 본 제주항과 제주시 풍경.

되었다. 이에 따라 김윤식은 1901년 7월 지도로 유배지가 옮겨진다. 1907년 유배가 풀리게 되었다. 김윤식의 제주 유배 터는 제주시 중앙로의 중심지역이다. 제주시 중앙로 지하상가 중앙의 지상에 위치해 있다. 당시만 하더라도 이 지역은 관덕정과 제주목관아가 가까이에 위치하고 있었다. 김윤식 유배 터에서 보이는 관덕정은 몇 차례의 보수 공사를 거쳐 번듯한 모습으로 제주의 옛 도심권을 지키고 있다. 제주목관아도 복원 사업을 거쳐 옛 제주목의 관아로서 위용을 드러내고 있다. 제주목관아 서쪽은 옛 제주도청이 있던 자리로 제주의 중심지였다.

| 섬 속의 섬 추자에서 가사를 읊은 안조원 |

추자도는 제주의 섬 속의 섬이다. 한반도와 제주도의 중간지점에 위치해 있어 유배인들은 추자도를 경유하거나 추자도를 스쳐 지나 제주를 찾았다. 유인도 4개와 무인도 38개 등 42개 섬으로 구성된 추자도는 제주항에서 북서쪽으로 53㎞ 떨어져 있다. 조선시대 유배인들은 제주로 귀양살이 가는 바닷길에서 제주도 가까이에 위치한 무인도를 만나게 된다. 이 무인도는 제주로 귀양 가는 선비가 갓을 벗어 옷깃을 여몄다고 해서 관탈섬이라 불린다고 전해지기도 하고 쓸모없게 된 관복을 벗고 평민의 옷차림을 하였다고 하여 관탈섬이라 하기도 한다.

정조 때 추자도에 유배됐던 안조원(安肇源)은 자신의 처량한 처지를 가사로 남긴다. 유배가사『만언사』는 안조원이 정조 22년(1798년) 34세의 나이로 추자도에서의 2년 동안의 처참한 유배생활을 노래한 가사다.

안조원은 안조환(安肇煥)으로도 알려져 있다. 안조원은 정조 때 임금이 거처하는 궁궐에서 심부름하던 대전별감이었다. 안조원은 회계 관계의 실수인 파렴치죄로 사형에 처할 위기를 맞지만 임금의 총애를 입어 유배형에 처해졌다. 임금의 도장을 도용한 실수를 범했던 것이다.

2년간 추자도에서의 구구절절한 사연을 읊은 가사『만언사』는 궁궐로 보내졌으며 이를 읽은 궁녀들이 눈물을 흘리지 않는 자가 없었다고 한다. 이 같은 소식을 임금이 접하게 되었고 임금은 안조원을 풀어 줬다는 야사적 일화가 전해진다.

▲ 추자도와 제주도 사이 바다에 우뚝 솟은 관탈섬.

　"어와 벗님네야 이 내 말씀 들어보소"로 시작되는 『만언사』를
보면 기후가 사납고 맹수, 구렁이, 지네 등이 우글거리는 추자도를

안조원은 하늘이 만든 지옥(천작지옥, 天作地獄)이라고 표현하고 있다. "내 눈물 모였으면 추자섬을 잠기게 했으며 내 한숨 풀었으면 한라산을 덮었으리"라며 통한의 유배생활을 노래하였다.

추자도의 돈대산 정상에 오르면 날씨가 맑은 날은 사자섬과 관탈섬 사이로 한라산이 보인다. 추자에 유배됐던 안조원은 산에 올라 한라산을 봤던 것으로 보인다.

안조원은 여름이 더워 겨울 되기를 바랐는데 겨울이 되니 추워 여름이 생각난다고 하는가 하면 어린아이와 젊은 계집에게 '귀양다리'라고 놀림을 당하기도 한다.

> 철없는 어린 아해 소 같은 젊은 계집
> 손가락질 가리키며 귀양다리 온다 하니
> 어와 괴이하다 다리 지칭 괴이하다
> 구름다리 나무다리 징검다리 돌다린가
>
> 안조원, 『만언사』 중에서

안조원은 자신의 처절한 유배생활을 노래해 이로 인해 유배에서 풀려나는 소기의 목적을 달성하기에 이른다.

안조원은 제주에 유배 왔던 사대부와는 달리 중인계층으로 이를 대하는 주민들의 태도도 선비를 대하는 태도와 판이하게 다른 양상을 보였던 것으로 해석되고 있다.

이 외에 이진유, 이최중, 조정철, 황경한(또는 황경헌), 윤상도, 강시환, 이학수, 조병창, 길영수 등이 유배형으로 추자도와 인연을 맺고 있다.

▲ 한반도와 제주의 길목에 자리 잡은 섬 추자도도 조선시대 유배지였다. 사진 위에서부터 상추자도에 자리 잡은 추자항 전경, 하추자도의 예초리 마을 전경, 하추자도의 묵리마을 전경.

14. 제주에서 시와 벗하다: 김윤식/안조원　135

하추자도에는 순조 때 제주 대정현에 유배됐던 정난주의 아들 황경한(또는 황경헌)의 묘가 있다. 묘 인근에는 가뭄이 돼도 마르지 않는다는 샘이 하나 있다. 안내판에는 황경한이 어머니를 그리워하는 애끓는 소망에 하늘이 탄복해 가뭄에도 마르지 않고 늘 흐른다고 하여 이 샘을 '황경한의 눈물'이라고 한다고 안내하고 있다. 유배인들의 통한의 눈물이 아닐 수 없다.

| 짧은 추자도 여행의 기록 |

2010년 11월 27일, 수건을 챙긴다. 양말과 속옷을 챙긴다. 하지만 잠옷을 챙기지 않는다. 배에 타서야 생각났다. 낮 12시 50분 제주항에 도착한다. 주차를 한다. 멀리 주차했다가 가까운 곳으로 옮긴다. 노트북을 가져간다. 노트북은 이번 추자도 여행에서 한 번도 쓰지 않아 결국 짐이 되는 애물단지로 전락한다. 표를 끊는다. 한일카훼리 3호다. 제주에서 추자도 신양항까지 가는 배다. 8,600원, 3등 실이다. 2등 좌석으로 달라고 하니까 사람들이 많이 타지 않는다며 배에 타서 말하라고 한다. 제주항 약국에서 멀미약을 사서 먹는다. 한일카훼리 3호의 앞쪽에는 좌석 자리로 2등 실이 위치해 있고 배의 뒤쪽은 3등 실이다. 파도가 세다.

오후 1시 40분에 출발한다. 벌써부터 파도가 보인다. 제주항을 벗어나자 한라산을 촬영하려 배 뒤편으로 간다. 파도가 친다. 한라산은 구름과 안개에 덮여 있다. 바람이 배 뒤에 태극기를 펄럭이게 한다. 바람 때문에 모자를 벗어서 가방 안에 넣어 둔다. 객실에는 텔레비전이 방송을 내보내고 있었다. 배에는 나이 많은 중년들이 대부분이다. 사람들은 많지 않다. 디지털카메라로 비행기가 착륙하는 제주를 담는다. 눈으로 보기에는 그럴싸하지만 카메라로 찍을 때는 사각의 프레임 안에 잘 잡히지 않는다. 한라산이 점점 희미해지고 파도는 너울거린다. 오후 1시 50분 제주항으로 입항하는 퀸메리호(Queen mary)를 본다. 퀸메리호는 목포에서 제주로 오는 카훼리호다.

배 뒤편에서 사진을 찍는데 배가 좌우로 크게 움직인다. 겁이 나서 배 안으로 들어간다. 의자에 앉아 존다. 배가 '쿵쿵'거린다. 파도가 그만큼 세다는 것이다. 배가 흔들리는 소리다. 오후 3시 44분 눈을 떴는데 추자도 신양항에 도착했다. 바다가 잔잔하다. 갈매기가 바다에 앉아 있다. 배를 둘러봤다. 밖에 노출된 부분은 젖어 있었다. 배에서 내린다. 2시간 16분 만에 추자도에 도착한 것이다.

추자도에 도착해서 전화한다. 추자중학교 관사에 간다. 짐을 풀어 놓고 길을 나선다. 추자중학교에서 추자도 지도를 본다. 황경한의 묘를 발견하고 황경한의 묘로 향한다.

오후 4시 15분 추자도 올레를 따라 걷는다. 모진이 몽돌해안으로 간다. 표지판에는 추자면 신양리에서 0.7㎞ 거리에 있다고 한다. 집과 집 사이에 좁은 길을 따라 길을 걷는다. 간혹 대나무 숲이 보인다. 4시 23분 모진이 몽돌해안에 도착한다. 둥근 자갈 해수욕장으로 파도 소리가 운치가 있다. 파도가 밀려오면 자갈과 바다가 기분 좋은 파도 소리를 낸다. 동산을 올라가니 황경한의 묘가 나온다. 오후 4시 39분이다. 북제주문화원이 세운 비에는 황경헌으로 되어 있다. 황경한 또는 황경헌으로 불리는 모양이다. 추자도 황씨 입도조이다. 묘가 여러 개 있어 어느 것이 황경한의 묘인지는 확인하기 어려웠다.

라파엘여행사에 의해 안내판이 세워졌다. 두 살의 어린 아기를 살리기 위해 황사영의 처인 정난주 마리아가 바위에 내려놓고 갔다는 내용이다. 2005년 북제주문화원에서 세운 비석도 있다. 조금 더 걸어가자 황경한의 눈물이라는 샘이 나왔다. 가물어도 물이 나온다는 곳이다. 물을 먹는다. 황경한의 설움이 묻어 있는 물이다. 가물 때도 흐르는 샘물이라고 한다. 황경한을 놓아두었음 직한 바위를 본다. 바위는 높다. 신대해변 쉼터에서 황경한의 묘 쪽을 보면 바위가 보인다. 황경한은 성인이 된 후 혼인해 아들 둘을 낳아 창원 황씨 추자도 입도조가 되었다.

길을 더 가면 예초리가 나온다. 작은 텃밭들이 있다. 고구마, 파가 심어져 있다. 비양도와 비슷하게 밭이 아주 작다. 집마다 물통이 있다. 물이 귀한 듯하다. 길은 시멘트길이다. 돌담은 제주의 현무암이 아니라 추자도 섬 특유의 돌담이다. 1965년에 준공된 우물을 본다. 우물 준공의 공로자는 오만석이다. 예전 예초리의 오 씨는 황경한을 발견해 키웠다. 이후 추자도에서는 오씨와 황씨는 결혼을 하지 않는다고 한다. 우물에는 아직 물이 있다. 하지만 깨끗하지는 않다. 담벼락에 가을을 잔뜩 먹은 붉은 담쟁이가 운치가 있다. 삼치를 빨랫줄에 말리고 있는 집, 고무 옷을 말리고 있는 집을 본다. 예초리는 제주와 추자를 드나들던 항구 마을이었다. 현재는 그 역할을 신양항이 하고 있다. 이전에는 예초리 앞바다에 배가 도착하면 작은 배로 사람을 실어 날랐다고 추자중학교 강창익 선생이 말해 준다. 날씨가 점점 어두워진다. 오후 5시 8분에 예초리를 지난다.

예초리를 벗어나자 기이한 형상의 바위와 마주한다. 엄바위 장승이란 표지판이 있다. 억발장사가 엄바위 아래 바닷가에서 '장사공돌'이라는 바위 5개로 바윗돌 공기놀이를 했는데 어느 날 횡간도로 건너뛰다가 미끄러 넘어져 죽었다고 한다. 예초리와 횡간도 사람들은 서로 결혼하지 않는다고 한다. 결혼하면 청춘과부가 된다는 속설이 전해진다고 한다. 바다 바람이 심하다. 안개도 심해 횡간도가 희미하게 보인다.

추억이 담긴 학교 가는 샛길을 만난다. 예초리 학생들이 돈대산을 넘어 신양리의 학교로 가던 길이라고 한다. 날이 더욱 어두워진다. 불을 켠 배들이 보인다. 오지박전망대에 도착한 시간은 5시 31분이다. 1시간 20분을 걸은 셈이다. 섬 안내 표지판이 있다. 횡간도와 추포도가 보인다. 나머지 섬들은 크고 작은 섬들이라 이름은 헷갈린다. 카메라의 파노라마 기능을 찾으려 하지만 파노라마 기능을 찾지 못한다. 사진을 찍어만 둔다. 오른쪽에는 예초리가 보인다. 오른쪽에는 상추자인 대서리가 보인다. 가로등이 켜져 있다.

추자담수정수장을 지난다. 추자교를 지난다. 오후 5시 50분이다. 추자교 입구에는 하추자 올레길 안내판이 세워져 있다. 추자교는 상추자와 하추자를 잇는 다리다. 1966년 6월 착공해 1972년 완공됐다. 하지만 1993년 4월 골재를 실은 트럭의 통행으로 다리가 무너지는 추락사고가 발생했다. 1992년 10월 새 교량공사를 시작해 1995년 4월 총 길이 212.35m, 폭 8.6m로 완공돼 하추자와 상추자를 잇고 있다. 상추자는 다리를 건너면 나오는 영흥리와 대서리다. 대서리는 추자의 중심으로 추자면사무소와 식당, 바다마트가 있다.

쾌속선인 핑크돌핀호가 들어오는 항구가 있는 곳이기도 한다. 하추자는 신양리, 묵리, 예초리다. 날이 많이 어두워졌다. 고작 5시 50분인데도 그렇다. 바닷바람이 세다. 걷는다. 추자포구가 나온다. 배들이 정박해 있다. 영흥리를 지나고 대서리로 간다. 항구에 위치한 식당에서 저녁을 먹는다. 삼치회를 먹는다. 삼치회가 맛있다. 김에 싸서 먹었다. 식사 후 다시 걷는다. 슈퍼마켓에 들러 칫솔과 치약을 산다. 대서리에서 다시 신양리로 향한다. SK주유소를 지난다. 추자도에 하나밖에 없는 주유소라고 한다. 추자교를 지난다. 버스가 오자 버스에 탄다. 걸은 지 1시간 만인 8시 41분이다. 추자중학교 관사에 도착한다.

강창익 선생 숙소에서 차를 얻어 마신다. 아시안게임 폐막식이 방송되고 있다.

2010년 11월 28일 아침 5시 30분 알람 소리에 일어난다. 안조원의 '만언사'를 읽는다. 가사라 리듬감이 있다. 6시 30분이 되어 밖에 나가 기다린다. 아직 날이 밝지 않았다. 오전 7시에 강창익 선생과 함께 돈대산을 오른다. 돈대산도 산인지라 힘든 산행이다. 돈대산을 오르는 중간 중간에 묘가 있다. 신양항이 내려다보이는 전망대에 간다. 오전 7시 19분이다. 신양항이 한눈에 보인다. 사자섬과 관탈섬 사이로 한라산이 보인다고 하는데 날씨가 좋지 않아 한라산은 보이지 않는다. 신양리 오른쪽에는 묵리가 보인다. 묵리는 집이 많다. 옹기종기 집들이 모여 있다. 강창익 선생 이야기로는 묵리는 유명인사를 많이 배출했다고 한다. 반대편을 보면 또 섬이 보인다. 추포도와 횡간도다. 신양리 쪽은 파도가 잔잔한데 예초리 쪽

바다는 파도 소리를 낸다. 날이 밝고 있다. 야생화를 본다. 야생화가 흔하다. 돈대산을 걷는다. 산불감시 초소까지 간다. 대서리가 한눈에 보인다. 정수장도 보인다. 7시 36분이다. 돈대산의 나무들이 어리다. 돈대산에 불이 났었다고 한다. 다시 돈대산 정상에 위치한 팔각정에 간다. 해가 떴다. 다시 추자중학교에 내려온 시간은 오전 8시 14분이다. 돈대산을 올라갔다 온 시간은 1시간인 셈이다.

짐을 챙긴다. 노트북은 가져왔지만 써 보지도 못한다. 만언사를 마저 읽는다. 추자도의 지명은 나와 있지 않다.

신양항으로 간다. 표를 끊는다. 2등 좌석을 끊는다. 9,750원이다. 3등 실은 7,000여 원이다. 표 끊는 아가씨가 2등 좌석은 비싸다는 말을 한다. 그래도 편안히 가기 위해 2등 좌석을 끊는다.

배는 예정시간보다 늦게 온다. 오전 10시 10분에 도착해 40분에 출발해야 될 배는 10시 55분에 도착해 11시 8분에 출발한다. 날은 좋다. 하늘은 푸르고 파도는 적당하다. 햇빛은 강하지 않다. 구름이 햇빛을 가린다. 추자도 신양항을 떠난다. 사자섬을 지난다. 추자도가 점점 멀어진다. 오전 11시 55분 관탈섬을 지난다. 한일카훼리 3호는 255명이 탈 수 있는 배다. 1등 객실 26명, 2등 좌석 98명, 3등 객실 131명이 탈 수 있다고 한다.

12시 14분 400원짜리 자판기 커피를 마신다. 저 멀리 한라산이 보인다. 한라산이 희미하게 보인다. 오후 1시 12분 제주에 도착한다.

현지 주민들과 꽃피운 실용학문

15. 전라남도 유배인: 정약전/정약용

영조의 계비 정순왕후 김 씨는 영조의 아들이자 정조의 아버지
인 사도세자의 죽음과 깊게 연관되었다. 정순왕후는 1800년 정조
가 죽자 어린 순조를 대신해 수렴청정하였다. 정순왕후는 노론 벽
파를 등용하는 반면 천주교를 구실로 남인 시파를 정계에서 몰아
내었다. 순조 1년(1801년)에 일어난 신유박해다. 천주교도인 황사
영은 신유박해의 실상을 베이징의 주교에게 알리려 하지만 발각된다.
이 때문에 황사영의 아내 정난주가 제주 대정현으로 유배된다. 황사
영을 조카사위로 두고 있던 정약전(1758~1816)과 정약용(1762~1836)
은 이 사건으로 각각 흑산도와 강진으로 유배되었다.

▲ 흑산도 사리마을 앞바다에 출항을 앞둔 배들이 정박해 있다. 손암 정약전은 사리마을에서 어류 백과사전인 『자산어보』를 저술하였다.

▲ 흑산도 상라산 정상에서 바라본 흑산도항 풍경(사진 위)과 바다 건너 섬인 홍도(사진 아래)

| 흑산도에서 조선시대 어류백과사전을 쓴 손암 정약전 |

정약전(丁若銓)과 정약용(丁若鏞)은 형제다. 정난주는 이들의 큰 형 정약현의 딸이다. 손암 정약전은 매형이면서 조선 천주교 사상 최초의 영세자인 이승훈(세례명 베드로) 등과 어울리며 천주교 신 자가 되었다.

정약전은 신유박해로 신지도에 유배되었다가 황사영백서사건으로 인해 한양으로 압송되어 국문 후 흑산도로 유배되었다. 동생 정약용과 함께 한양을 출발해 나주목 율정주점(현 나주시 대호동)까지 같이 간 후 각자의 유배지로 향하였다. 정약전은 44세 때인 1801년부터 1807년 봄까지 6년 동안 우이도에 머물렀다. 당시 우이도는 소흑산도로 불렸다. 이후 흑산도 사리마을로 옮겨 사촌서당(복성재)에서 섬 아이들 5~6명에게 학문을 가르쳤다. 특히 조선시대 어류백과사전인 『자산어보』를 남겼다. 또 우이도 사람으로 홍어를 팔던 문순득이 오키나와, 필리핀, 일본 등을 표류하였다는 경험담을 듣고 이를 토대로 『표해록』을 대필하였다.

정약전이 동네 아이들에게 학문을 가르쳤던 터는 서당 터로 남아 있다가 사촌서당으로 복원되었으며 신안군은 이 일대를 흑산도 유배문화공원으로 조성하고 있다. 조선시대 서남쪽 최남단에 위치한 흑산도는 유배지였다. 하지만 1960년대에는 어업의 전진기지로 풍어를 바라는 배들의 정박지였다. 당시를 말해 주는 노래가 '흑산도아가씨'다. 정약전은 흑산도 유배기간 현지 여인과 인연을 맺어 아들 두 명을 얻었다.

『자산어보』에는 현지 주민 장덕순(창대)과 함께 흑산도 주변의 어류, 해조류 등 227종의 수산자원을 연구해 설명을 함께 담았다. 흑산도 여객선터미널 인근 자산문화관에는 자산어보에 소개된 흑산도 수산물이 전시되어 있다. 정약전은 독(항아리)술을 마실 정도로 술을 좋아하였다. 이 때문에 어민들과 쉽게 친해져 어류에 대한 정보를 더 많이 얻은 것으로 보인다.

흑산도 특산물 홍어에 대한 정약전의 설명이 이채롭다. 홍어 암컷이 낚싯바늘을 물고 발버둥 칠 때 수컷이 암컷에 붙어 교미하면 암수 다 같이 낚싯줄에 끌려 올라오는 예가 있다고 서술하고 있다. 암컷은 낚시에 걸려 죽고 수컷은 간음 때문에 죽는데 이는 음란한 것을 탐내는 자의 본보기라며 무릇 대중에게 경고하고 있다.

정약전은 동생 정약용이 유배가 풀린다는 소문을 듣고 우이도로 옮기지만 유배 15년 만인 1816년 한 많은 생을 마감하였다.

| 강진에서 『목민심서』를 쓴 다산 정약용 |

다산(茶山) 정약용(丁若鏞)은 1762년(영조 38년) 경기도 마현(현재의 남양주시 능내리)에서 진주목사를 지낸 정재원과 해남윤씨 사이에 막내아들로 태어났다. 정약용은 정조의 총애를 받던 남인 실학자였다. 수원 화성 축조 때 거중기를 고안해 공사기간을 단축시켰다. 정권이 바뀌자 기나긴 유배생활을 하게 되었다. 1801년 장기현(현 포항시 장기면)에 유배되었다. 장기 유배기간 시(詩) '아가사'(아가노래)를 남겼다.

> 박 하나 두둥실 수면 위로 떴더니만
> 홀연히 물쥐같이 머리통을 내밀고서
> 휘파람 한 번 부니 몸이 따라 솟구치네
>
> 정약용의 시 '아가사' 중에서

마치 해녀의 작업을 시로 읊은 듯하다. 제주의 전유물로만 알던

해녀가 다른 지역에도 있었던 것인지 연구가 필요한 시다.

조카사위 황사영의 백서사건으로 정약용은 1801년 전라도 강진에 유배되었다. 불혹의 나이인 40세에 중앙정치와 단절된 유배형에 처해진 정약용은 학문에 몰두한다. 주막에 유배지를 정하고 '사의 재'라 이름 지어 4년간 생활하였다. 이어 고성사 보은산방으로 옮겼다가 다산에 자리 잡은 다산초당에 정착하였다. 1808년부터 1819년까지 10여 년 동안 다산초당에 머물며 제자를 기르고 저술활동에 전념해『목민심서』,『경세유표』,『흠흠신서』등 역작을 내놓는다.

자식 교육도 게을리 하지 않았다. 정약용은 자식들에게 편지를 써, 바른길로 이끌었다. 정약용이 아들에게 보낸 편지 중 술 교육에 대한 편지를 보면 술맛은 입술을 적시는 데 있다면서 술을 마시는 정취는 살짝 취하는 데 있지 얼굴이 붉을 정도로 마셔 토악질을 하는 데 있지 않다고 충고하고 있다.

> 참으로 술맛이란 입술을 적시는 데 있다. (……) 술을 마시는 정취는 살짝 취하는 데 있는 것이지, 얼굴빛이 홍당무처럼 붉어지고 구토를 해대고 잠에 곯아떨어져 버린다면 무슨 술 마시는 정취가 있겠느냐(정약용, 편지 '사대부가 살아가는 도리').

세월이 흐른 현대까지 유효한 충고다.

정약용은 의학, 법률, 행정 등과 관련된 600여 권의 방대한 저술을 남기고 있다. 또 다산초당 인근 석벽에 새긴 정석(丁石)이란 글씨는 강진 유배의 흔적을 전한다. 다산초당을 경유하는 '정약용의 남도유배길'이 2010년 3월 개설되어 정약용 콘텐츠는 자연과 융합되어 생태문화관광으로 재가공되는 시도를 거쳤다.

▲ 나이 어린 순조를 대신해 수렴청정한 정순왕후는 천주교를 빌미로 남인 시파를 숙청한다. 황사영백서 사건에 연루, 다산 정약용은 전라도 강진에 유배되어 다산초당 등에 머물며 학문에 몰두한다.

| 짧은 강진-흑산도 여행의 기록 |

2010년 8월 26일 아침 6시에 일어난다. 날씨가 덥다. 씻고 챙긴다. 오전 7시에 택시를 타고 제주항에 간다. 택시비는 3,000원이다. 7시 12분에 도착한다. 멀미약을 먹는다. 강진과 흑산도를 가기 위한 여행이다. 일행은 제주대학교에서 '제주 유배문화의 녹색관광자원화를 위한 스토리텔링 콘텐츠 개발사업'에 참여하는 제주유배문화사업단이다.

뱃삯은 제주도민할인을 적용해서 2만 1,500원을 낸다. 제주-목포행 씨월드 고속훼리 카훼리 레인보우호에 탑승한다. 카훼리 레인보우호는 여객정원 642명, 차량 150대, 5,000톤 규모의 선박이다. 오전 8시 제주에서 출발해서 낮 12시 50분에 목포에 도착할 예정이다. 1시간 만에 관탈섬을 지난다. 1시간 50분이 지나자 추자도를 지난다. 추자도는 섬이 많다. 유배인들은 추자도와 관탈섬에서 한라산을 볼 수 있었을 것이다.

흑산도와 강진과 관련된 참고자료를 읽는다. 12시 50분, 목포에 도착한다. 목포항 근처에 위치한 식당에서 식사를 한다. 일행 중 가족이 운영하는 바로 옆집 식당에서 먹는다. 홍어회와 민어회가 나왔다. 그야말로 진수성찬이었다.

강진에 간다. 고속도로를 타고 간다. 강진에 도착한다. 날씨는 덥고 앉은 자리는 불편하다. 다산초당에 도착한다. 전시관 위쪽에 다산수련원이 위치해 있다. 다산수련원으로 간다. 커피를 얻어 마신다.

윤영선 다산수련원 전문위원을 만난다. 다산유배길을 개발한 사람이다. 문화와 생태를 가지고 길을 만들었다고 한다. 다산초당까지 같이 걷기를 청한다. 다산수련원에서 다산초당까지 걷는다. 땀이 흐른다. 여름이라 그렇다. 오후 5시 30분 다산초당에 도착했다. 다산초당 현판 글씨는 추사 김정희의 글씨를 집자했다고 한다. 원래 다산초당을 위한 글씨가 아니라 글자를 모아 놓은 것이라고 한다.

다산초당 가까운 바위에 정석(丁石)이라고 정약용이 새긴 글씨를 찍는다. 다산초당까지의 산행은 한라산 산행과 비슷했다. 한라산 영실코스에서 나무 숲 사이를 걷는 기분이었다.

다산초당을 본 후 일행은 남포교로 향한다. 남포교에서 남포항을 본다. 갈대가 많다. 옛 자취가 없다. 남포교가 있는 곳은 상류이고 하류에 포구가 있었다고 한다. 오후 6시 56분이다. 해가 져 노출이 나오지 않는다.

강진에서 목포로 향한다. 오후 8시 20분이다. 숙소를 잡는다.

숙소에서 드라마 <내 여자 친구는 구미호>를 본다. 차대웅(이승기)과 구미호(신민아)의 티격태격하는 남녀 사이의 아기자기한 사랑을 그린 청춘 드라마다. 대웅이 대학생이라 대학 풍경이 자주 나온다. 100일 동안 대웅이가 미호의 구슬을 품어 주면 미호가 사람이 된다는 이야기다. 서로 가까이하다 보니 남자와 여자는 사랑이 생길 것이다. 잠이 오지 않는다.

2010년 8월 27일 오전 6시에 일어난다. 면도하고 머리를 감는다. 오전 6시 50분, 목포항으로 간다. 표를 끊는다. 목포-흑산도 7시 50분 출발하는 배편이다. 2만 9,800원이다. 목포항 인근의 제주식당에서 아침으로 정식을 먹는다. 1인 6,000원으로 2인 1만 2,000원이다. 멀미약을 먹는다. 소화제와 같이 먹는다. 쾌속선 남해스타호에 탑승한다. 좌석이 꽉 찼다. 쾌속선은 좌석번호가 있다. 268번이다. 창가에 앉아서 간다. 7시 50분 목포를 출발한다. 추진기 부분에 장애물이 걸려서 제거작업에 5분 정도 걸릴 것이라는 메시지를 방송으로 알린다. 흑산도에 도착한다. 10시 5분이다. 도착하고 이영일 씨에게 전화한다. 이영일 씨는 신안군 흑산도의 문화해설가다.

흑산항 가까운 곳의 자산문화관에 간다. 손암 정약전이 쓴 『자산어보』를 바탕으로 전시관을 만들었다. 1층과 2층으로 되어 있다. 도서관에는 책도 있었다. 『자산어보』를 팔고 있어 사무실로 간다. 커피를 마시고 이야기를 나눈다.

손암 정약전은 영산포를 거쳐 우이도(소흑산도)에 유배되었다고 한다. 정약전과 정약용은 나주까지 같이 내려왔다고 한다. 다산의 시(율정점의 이별)에 이 부분이 기록되어 있다고 한다. 정약전은 우이도에서 여자를 만나 아들 두 명을 낳았다고 한다. 본 부인과는 아들 한 명이 있었는데 일찍 죽는다. 정약전의 부인은 양자를 들일 것을 제안하지만 정약전은 양자를 허락하지 않았다고 한다. 최근 정약전의 후손이라며 미국에서 흑산도를 찾아왔던 사람이 있었다고 한다.

비가 온다. 흑산도아가씨 노래비를 구경한다. 공중에 뜬 다리를 구경한다. 약수도 먹는다. 흑산도의 식생은 제주와 유사하다. 구실잣밤나무가 있다. 칡이 있다. 사촌서당에 간다. 정약전이 유배기간 머물며 제자를 가르쳤던 곳이다. 사촌서당 아래에는 흑산도 유배 문화공원이 조성 중이다. 집을 짓기 위한 기초공사가 한창이다. 도로에서 사촌서당을 올라가는 길을 서당골이라고 했다고 한다.

정약전은 항아리에 담긴 술, 독주를 마셨다고 한다. 사촌서당을 나와 흑산도 사리마을이 한눈에 보이는 곳에서 사진을 찍는다. 칠형제바위전경이라는 표지판이 적혀 있다. 나무에 동박새가 앉아 있었다. 동박새는 처음 본다. 몸이 녹색에 가깝다. 사리마을 전경사진과 사리마을 앞바다 사진을 찍는다. 배들이 고요하게 정박해 있다.

최익현 유허비가 있는 곳으로 간다. 최익현이 아이들을 가르쳤던 서당의 흔적은 없다고 한다. 흑산도는 13곳에 마을이 형성되어 있다고 한다.

다시 포구다. 점심을 먹는다. 홍어를 먹는다. 오후 1시 30분이다. 포구의 골목길 안쪽으로 들어간 식당에 간다. 진도식당이다. 막걸

▲ 흑산도에서 맛볼 수 있는 별미, 홍어회.

리를 먹는다. 집에서 담갔다는 막걸리다. 3인분에 6만 6,000원. 찌개는 된장찌개 비슷한 것이 나온다. 이영일 씨는 홍도로 전근되었을 때, 그야말로 유배를 체험했다고 했다. 홍도는 흑산도와 가까운 섬이지만 배로 이동해야만 하는 곳이다. 가족과 떨어져 사는 것이 유배의 진정한 의미일지도 모른다고 혼자 생각한다.

식사 후 서당샘에 간다. 최익현이 학생들을 가르쳤던 흔적이 샘 이름으로 남아 있다. 동네 주민인 이상배 씨를 만난다. 서당샘은 여름에는 시원한 물이 나오고 겨울에는 따뜻한 물이 나온다고 한다.

흑산도아가씨 노래비가 있는 곳으로 간다. 흑산도아가씨에 대한 사연을 듣는다. 물고기를 따라 포주와 아가씨가 흑산도에 왔다는 이야기다. 1960년대에는 아가씨들이 많았지만 지금은 2~3명뿐이라고 한다. 흑산도에 팔려 온 아가씨를 동네사람들이 배로 태워 흑산도를 벗어날 수 있게 해 줬지만 그 아가씨는 다시 흑산도를 찾아 들어왔다는 말도 전해진다고 한다.

흑산도아가씨 기념탑은 1997년에 세워졌다고 기념탑에 새겨져 있다. 흑산도의 일주도로 길이는 25km라고 상라산 표지판에 적혀 있다. 상라산 정상에 오른다. 흑산도 포구가 한눈에 보인다. 포구 뒤편으로 희미하게 보이는 섬이 우이도라고 한다. 항구에서 기념탑까지의 길을 본다. 길이 구불구불하다. 마치 큰 뱀과 같다. 상라산까지 오르는 길에 땀을 흘린다. 상라산 정상에 오르자 브라질의 항구도시 리우데자네이루가 연상되었다. 산 정상에서 바라본 항구 모습이 비슷하다. 리우의 예수상, 미국 드라마 <CSI 마이애미>에서 봤던 풍경이다.

상라산 정상에서 홍도를 본다. 홍도는 관광객들이 많이 찾는 유명 관광지다. 상라산에서 내려와 항구로 간다.

목포행 배를 4시 10분에 예약했는데 5시에 타라고 한다. 5시 배는 원래 없었는데 흑산도에 사람들이 많이 와서 증편되었다고 한다. 3시 40분이다. 4시 10분 배라면 적당한 시간이었지만 5시 배는 시간이 많이 남았다. 도서관에서 시간을 때운다. 신안군이 만든 영상물을 본다. 이영일 씨의 말을 빌리면 신안군은 1,004개 섬으로 된 군이며 신안군청은 목포에 있다.

흑산-목포 오후 5시 7분에 출발한다. 2만 9,800원. 심심한 뱃길이다. 비가 와서 밖은 보이지 않고 밖에 나갈 수도 없다. 버스에 앉듯이 앉았다. 1시간이 지나자 중간 기착지에 도착한다. 너무 단조

로워서 잠이 스르르 올 정도였다.

쾌속선 파라다이스호는 오후 7시 10분 목포에 도착한다. 도착하자 사람들이 택시를 잡는데 무질서하다. 택시 표지판 밑에서 정직하게 기다렸다. 하지만 기다리던 사람들은 봉고를 기다리던 사람들이었다. 사람들이 모두 사라지고 마지막으로 택시를 탄다. 낭패다.

2010년 8월 28일 오전 7시 알람이 울린다. 7시 20분으로 알람을 조절하고 잔다. 깨어나자 씻고 여행에 대한 기록을 쓴다. 8시 30분에 모텔 입구에 나간다. 밖은 바람이 분다. 진서울깍두기에서 설렁탕을 먹는다. 1인 7,000원, 2만 1,000원이다. 신용카드로 계산한다. 비가 엄청나게 쏟아진다. 배가 뜰 수 있을지 모르겠다. 9시 03분 식사를 마치고 모텔로 향한다. 목포대학교로 간다. 목포대학교 도서문화연구원에 도착했다.

도서문화연구원을 구경한다. 『도서문화연구소 25년사』를 본다. 김경옥 교수가 온다. 김경옥 교수가 끓여 주는 매실차를 마신다. 도서문화연구원과 유배에 대해 듣는다. 유배인들은 중앙의 문화를 현지인에게 전했고 현지인들의 삶을 중앙으로 전하는 전달자 역할을 하였다고 한다.

도서문화연구원을 나온다. 오후 1시 29분 식사를 마친다. 목포항에 간다. 1시 55분이다. 2시 30분 출발을 예약하였다. 표를 끊는다. 배에 탄다. 3등 실에 사람들이 많다. 멀미약을 먹는다. 1,000원이다. 배에서 사는 멀미약이 가장 싸다.

『흑산도 유배문화공원 학술조사보고』를 읽는다. 잠시 잔다. 1시간 정도 잔다.

오후 5시 51분 추자도를 지난다. 다리(추자교)를 사이에 두고 상추자와 하추자로 나뉜다고 한다. 제주도가 보이지 않는다. 배가 출렁인다. 관탈섬을 지난다. 바다에 새들이 날고 있다. 돌고래가 보인다. 한라산에 구름이 걸쳐져 있다. 오후 7시 20분 제주에 도착한다.

자생문화와 결합, 독특한 제주 유배문화 형성

16. 과거의 활용

   제주(濟州)는 '바다 건너 큰 고을'이란 의미로 옛 탐라를 부르는 말이다. 독립국 탐라가 고려에 편입된 이후 고려 때 사용, 현재까지 이르고 있다. 탐라국 개국신화를 보면 고씨, 양씨, 부씨가 섬의 원주민이었다. 탐라가 제주로 바뀌는 역사의 흐름과 함께 섬에는 다양한 사람들이 유입된다. 몽고(원나라) 사람이 제주를 찾는가 하면 정쟁에서 패한 유배인 또는 정쟁의 화를 우려한 도피자들이 제주를 찾았다. 조선시대만 해도 260여 명의 유배인이 제주를 찾았다. 이 중 일부는 후손을 남겨 제주입도조가 된다.

| 제주에 온 사람들의 흔적 |

   2010년 5월 대정에 제주추사관이 개관되었다. 제주추사관은 제주에 유배 왔던 조선시대 예술가이자 학자인 추사 김정희를 기리기 위한 기념관이다.

▲ 중문관광단지에서 본 한라산 설경. 한라산은 제주의 사방에서 각기 다른 형태로 자신을 드러낸다.

▲ 조선시대 선비들에게 제주는 유형의 섬이었다. 검푸른 바다를 건너 웅장하게 솟아 있는 한라산을 마주하면 비운의 땅 제주를 실감했을 것이다. 바다에서 본 한라산과 제주시. 한라산의 윤곽이 장엄하다.

특히 유홍준 전 문화재청장은 김정희를 단군 이래 최고의 예술가라고 극찬하였다. 그만큼 김정희는 조선시대 예술사에 한 획을 그은 인물이다. 유홍준은 2010년 12월 4일 제주추사관 개관기념 심포지엄에서 "제주도 사람만이 제주도를 사랑하지 않는다. 제주 사람보다 더 제주를 사랑하는 사람들이 있다"고 말하였다. 세계자연유산 제주 등 유네스코가 인정한 제주는 제주 사람만의 제주가 아니다. 제주와 인연을 가진 사람들은 제주에 대한 무한한 애정을 품고 있다.

제주 사람들과 제주 출신이 아니지만 제주를 사랑하는 사람들에 의해 제주추사관이 탄생되었다. 조선시대 최악의 유배지로 군림했던 대정에 건립되어 시대를 풍미했던 예술가 김정희를 기리고 있다. 김정희는 8년 3개월의 유배생활 동안 국보 '세한도'를 그렸으며 제주의 제자들에게 학문을 가르쳤다.

제주추사관 인근에는 황사영백서사건으로 대정에서 유배생활을 했던 정난주의 묘가 남아 있다. 정난주는 제주에 처음으로 천주교 신앙을 알린 인물로 알려져 있다.

김정희가 물을 찾아 들렀다는 안덕계곡 인근은 문집 『서재집』을 남긴 임징하의 유배지였다.

대정 보성초등학교 교문 옆에는 제주 오현 중 한 명인 동계 정온의 유허비가 세워져 있다.

제주 오현을 모시며 210여 년 동안 제주의 사립교육기관 역할을 했던 귤림서원은 현재 오현단이라 불리며 남아 있다. 귤림서원 인근 제주시 중앙로는 조선조 제15대 임금 광해군의 유배 터가 있던 곳이다.

의병장 최익현은 방선문계곡 바위에 이름 석 자를 남겼다. 제주 여인과 애달픈 사랑을 나눴던 조정철은 한라산 정상에 자신의 이름을 새겨 한 많은 사연을 전하고 있다.

조천의 연북정과 제주 바다를 바라볼 수 있는 절에는 불교부흥을 꿈꿨던 보우의 석상이 불자들을 맞이한다.

| 유배지에서 관광지로 |

    과거의 아픈 기억은 관광 자원으로 값지게 활용되고 있다. 전라남도 강진에 가면 유배인 다산 정약용이 저술활동을 했던 다산초당이 있다. 다산초당을 중심으로 문화와 생태관광이 결합된 남도유배길이 관광객을 맞고 있다.

    흑산도에는 유배 기간 어류백과사전『자산어보』를 쓴 손암 정약전의 이야기를 새로운 해석을 가미해 수익을 내기 위한 문화상품 흑산도유배문화공원이 있다.

    중국 하이난섬(해남도)은 당·송나라 때 유배지였다. 하이난섬에서 유배생활을 했던 이덕유, 이강, 이광, 조정, 호전을 기리는 사당이 오공사다. 또『적벽부』를 지은 중국 송나라 때의 명문장가 소

▲ 옛 제주의 정치 1번지 관덕정 앞 광장과 관덕정은 제주의 역사를 기억하고 있다.

동파가 유배생활 동안 머물었던 소공사도 하이난섬에 있다.

호주는 영국의 유배지였다. 호주의 섬 테즈매니아는 유배의 섬이었다. 1840년대 죄수 1,100여 명이 머물렀던 마을 포트 아서는 유적지로 남아 있다.

에게 해의 작은 섬 밧모 섬은 로마제국시대 유배지다. 예수의 제자 요한은 도미티아누스 황제 때 밧모 섬에서 18개월 동안 유배생활을 하며 요한계시록을 집필하였다. 밧모 섬은 요한계시록을 썼다는 계시 동굴과 성요한 수도원 등이 있어 세계적인 성지순례지이다.

아프리카 대륙 서쪽에 자리 잡은 세인트헬레나 섬은 나폴레옹의 유배지로 널리 알려진 섬이다. 프랑스의 황제 나폴레옹은 1815년부터 6년간 세인트헬레나 섬에서 유배생활을 하다 1821년 유배지에서 죽음을 맞았다.

| 유배인의 후손 |

제주는 섬이라는 독특한 지리적 특성과 함께 유형(流刑)의 섬이라는 문화적 특성을 가지고 있다. 유배인들은 대부분 정권 다툼에서 패해 사형에서 한 단계 감형되어 유배형에 처해진 정치인이자 학자였다. 중앙정계에서 축출당한 유배인들은 권력에 비판적이었다. 유배인들이 제주에 올 때는 몸만 오는 것이 아니었다. 유배인들은 비판적 사상도 같이 가져왔다. 이들은 제주 사람과의 교류를 통해 한양 문화와 교육을 전파하는가 하면 비판사상까지 전하였다.

특히 유배인들은 제주여인들과 인연을 맺거나 가족을 데려와 입도조가 되었다. 현재 제주를 구성하고 있는 인구 가운데도 유배인의 후손들이 적지 않다. 장두 이재수의 선조는 유배인 이세번이며 김해김씨 좌정승공파의 입도조 김만희도 유배인이다. 간옹 이익은 헌마 공신 김만일의 딸을 맞아들여 경주이씨 국당공파 제주입도조가 되었다.

제주 인물사를 다룬 책 중 제주도에서 펴낸 『제주선현지』 등에 따르면 선조 38년(1605년) 장윤태(張允泰)는 경주부윤 관직에 있다가 환관의 모함으로 제주에 유배되어 봉개에 은거하다 아들 세 명을 두고 세상을 떠난다. 장윤태는 인동장씨 진가파의 제주입도조다. 필자는 장윤태의 후손이다.

시대의 흐름 속에 나라가 필요로 하는 존재가 되어 쓰이다가 권력의 이동으로 새로운 권력으로 해서 버림을 받아 시대의 희생양이 된 유배인들은 조선의 벼랑 끝의 땅 제주에서 인생의 끝을 기다려야만 했으리라.

유배는 거대한 역사의 흐름과 같이하며 제주에 자생하던 문화적 토양과 결합해 독특한 제주문화의 한 줄기를 형성하고 있다. 유배인들은 '귀양다리'라고 놀림 당하는 수모를 견뎌내야만 하였다. 그만큼 제주를 찾은 유배인들은 저마다 구구절절한 사연을 지니고 있었으리라. 죄인이었던 유배인의 육신은 사라졌으나 그들이 남겨놓은 자산은 그들이 살아온 인생만큼 넓고 깊었다.

| 디지털 기기의 진화와 스토리텔링 |

현대 사회에서 컴퓨터와 인터넷의 등장 특히 아이폰과 아이패드

라는 디지털 기기의 등장은 수요자인 대중들에게 더 재미있고 더 감칠맛 나는 이야기를 갈망하게 하고 있다.

스토리텔링(storytelling)이란 용어는 이야기를 가공해 다른 사람들에게 전달하는 의미로 사용되고 있다. 대중매체에서 쉽게 접할 수 있는 말이다. 바야흐로 스토리텔링의 시대가 도래하였다고 해도 과언이 아니다.

스토리텔링은 구술시대의 스토리텔링이, 문명이 만들어 낸 미디어를 차용해 진화를 거듭하고 있다. 이야기는 문자시대 이전인 구술시대부터 사람들의 입에서 입으로 전해졌다. 문자시대에는 문학이 이야기를 전하는 주된 형식이었다. 디지털 시대에 접어들어 이야기는 매체 또는 미디어 특성에 맞게 다양한 형식으로 변용된다. 디지털 기기의 진화는 패러다임의 변화를 가져왔다. 스토리텔링도 디지털 미디어 기술의 등장과 이와 융합된 이야기를 이르는 용어로써 인터넷의 발달과 스마트폰의 등장으로 새롭게 조명받고 있다.

필자는 한 논문에서 "스토리텔링은 사람들이 살아가는 세상 속에서 떠도는 이야기 자원을 끌어모아 다양한 미디어를 활용해 이야기를 가공함으로써 다른 사람들에게 재미와 감동 그리고 정보를 전달함으로써 이야기에 가치를 부여해, 인류가 세상과 소통하는 이야기 방식"이라고 정의한 바 있다. 쉽게 풀어 쓰면 스토리텔링은 의미와 재미, 정보를 결합하는 기술인 셈이다.

이야기를 하고 이야기를 듣는 것은 인간의 본성이다. 디지털 기기가 생활 전반에 파고들듯이 스토리텔링 기술은 그야말로 사회 전반으로 퍼져 나가고 있다.

| 이 책에서 다룬 제주 유배인 |

유배인	시기	유배지	유배사유	참고자료와 기타 사항
한천 (韓蕆)	1392년(조선건국기)	표선 가시	불사이군	그 섬에 유배된 사람들, 서제한공천실록
김만희 (金萬希)	태조 2년(1393년)	애월 곽지	불사이군	증보 제주통사, 가락제주 좌정승공파편
이미 (李美)	태종 1년(1401년)	외도동	불사이군	그 섬에 유배된 사람들, 제주의 인맥
강영 (康永)	태종 2년(1402년)	조천 함덕	왕자의 난	제주도유인전, 종친회는 유배인이 아니라는 입장
이익 (李瀷)	광해군 10년(1618년)	제주	인목대비 폐모 반대	제주의 인맥, 제주도유인전
박승조 (朴承祖)	광해군 15년(1623년)	애월 곽지	인조반정	제주의 인맥, 종친회는 유배인이 아니라는 입장
김응주 (金膺珠)	광해군 때	함덕	김직재 옥사	제주의 인맥, 증보 제주통사
김예보 (金禮寶)	숙종 15년(1689년)	제주	기사환국	제주도유인전, 제주의 인맥
김진구 (金鎭龜)	숙종 15년(1689년)	제주	기사환국	제주도유인전, 그 섬에 유배된 사람들
김춘택 (金春澤)	숙종 32년(1706년)	제주	세자 모해 음모	북헌집, 제주도유인전,
임징하 (任徵夏)	영조 3년(1727년)	대정	탕평책 반대	조선왕조실록(정조실록), 서재집
광해군 (光海君)	인조 15년(1637년)	제주	인조반정	조선왕조실록(인조실록), 남환박물
이건 (李健)	인조 6년(1628년)	제주	인성군 역모 혐의	조선왕조실록(인조실록), 규창집
이덕인 (李德仁)	인조 22년(1644년)	대정	심기원의 역모	조선왕조실록(인조실록), 제주이화 창간호
이석철 (李石鐵)	인조 25년(1647년)	제주	소현세자 아들	조선왕조실록(인조실록), 그 섬에 유배된 사람들
이석린 (李石麟)	인조 25년(1647년)	제주	소현세자 아들	조선왕조실록(인조실록), 제주도유인전
이석견 (李石堅)	인조 25년(1647년)	제주	소현세자 아들	조선왕조실록(인조실록), 제주사인명사전

윤지 (尹志)	영조 1년(1725년)	대정	신임옥사 연루	조선왕조실록(영조실록), 제주도유인전
조영득 (趙榮得)	영조 4년(1728년)	대정	이인좌의 난 연루	조선왕조실록(영조실록), 증보 제주통사
소덕유 (蘇德裕)	선조 27년(1594년)	제주	정여립 역모 사건	조선왕조실록(선조실록), 피신 왔다는 설이 있음
김정 (金淨)	중종 15년(1520년)	제주	기묘사화	조선왕조실록(선조실록), 제주유배문학자료집(1)
이세번 (李世蕃)	중종 15년(1520년)	대정	기묘사화	제주선현지, 그 섬에 유배된 사람들
송시열 (宋時烈)	숙종 15년(1689년)	제주	기사환국	조선왕조실록(숙종실록), 제주시의 옛터
정온 (鄭蘊)	광해군 6년(1614년)	대정	칠서의 옥 연루	조선왕조실록(광해군일기), 제주도유인전
최익현 (崔益鉉)	고종 10년(1873년)	제주	대원군 하야 상소	조선왕조실록(고종실록), 국역 면암집
유헌 (柳軒)	연산군 10년(1504년)	제주	연산군에 직언	조선왕조실록(연산군일기), 제주도유인전
신명규 (申命圭)	현종 14년(1673년)	대정	효종능 관리 태만	조선왕조실록(현종실록), 제주선현지
신임 (申銋)	경종 2년(1722년)	대정	신임옥사 부당 상소	조선왕조실록(경종수정실록, 영조실록)
김정희 (金正喜)	헌종 6년(1840년)	대정	윤상도 옥사 연루	김정희, 세한도, 소치실록, 제주 유배길에서 추사를 만나다
보우 (普雨)	명종 20년(1565년)	제주	불교 탄압	조선왕조실록(명종실록), 허응당보우대사
정난주 (丁蘭珠)	순조 1년(1801년)	대정	황사영 백서사건	제주 천주교회 100년사, 신성백년사, 추자도
노씨부인 (盧氏夫人)	광해군 10년(1618년)	제주	칠서의 옥 연루	조선왕조실록(광해군일기), 제주선현지
조관빈 (趙觀彬)	영조 7년(1731년)	대정	탕평책 반대	조선왕조실록(영조실록), 제주도유인전
조영순 (趙榮順)	영조 30년(1754년)	대정	이천보 비판 상소	조선왕조실록(영조실록), 제주도 마애명
조정철 (趙貞喆)	정조 1년(1777년)	제주, 정의	정조시행 음모 연루	조선왕조실록(정조실록), 정헌영해처감록
김윤식 (金允植)	고종 34년(1897년)	제주	명성황후 시해 방조	조선왕조실록(고종실록), 속음청사
안조원 (安肇源)	정조 22년(1798년)	추자도	회계 부정	만언사, 제주유배문학연구, 추자도

참고자료

01. 제주의 또 다른 기억 유배

강영민, 『조선왕들의 생로병사』, 이가출판사, 2009.

김봉옥, 『증보 제주통사』, 도서출판 세림, 2001.

김익수, 「오현단」, 『제주문화』 제5호, 제주문화원, 1999.

김재형, 「조선시대 제주유배인 실태분석과 특징」, 제주대학교 대학원, 2011.

양진건, 『그 섬에 유배된 사람들』, 문학과지성사, 1999.

북제주군, 『내고장 전통문화』, 1982.

이영권, 『새로 쓰는 제주사』, 휴머니스트출판그룹, 2005.

이영권, 『제주 역사기행』, 한겨레신문사, 2004.

장선영, 「조선시기 유형과 절도정배의 추이」, 『지방사와 지방문화』 제4권 제2호, 역사문화학회, 2001.

홍순만, 「조선말기 제주도의 유배인과 형사제도」, 『제주도연구』 제3집, 제주도연구회, 1986.

02. 두 임금을 섬기지 않는다: 한천/김만희/이미

가락제주도종친회, 『가락제주 좌정승공파편』, 2007.

강용삼 편저, 『제주의 인맥』, 태광문화사, 1980.

김봉옥, 『증보 제주통사』, 도서출판 세림, 2001.
김천형 편저, 『탐라사료문헌집』, 디딤돌, 2004.
양진건, 『그 섬에 유배된 사람들』, 문학과지성사, 1999.
오창명, 『제주도오름의 종합적 연구』, 제주대학교출판부, 2007.
홍순만, 『제주에 선비의 얼을 심은 고려유신 한천』, 남제주문화원, 2008.
한천택, 『서제한공천실록』, 청주한씨제주문중회, 1994.

03. 성씨를 다채롭게 하다: 강영/이익/박승조

강용삼 편저, 『제주의 인맥』, 태광문화사, 1980.
고광민, 『제주도포구연구』, 각, 2004.
김봉옥, 『증보 제주통사』, 도서출판 세림, 2001.
김봉현, 『제주도유인전』, 제주우당도서관, 2005(1956년 일어판 번역).
밀양박씨 연안공파 제주도종친회, 『입도조 위 자호 은일당공에 관한 소고』,
    2007.
박인순, 『영의정 박승종의 정치·행정적 행적』, 한국복지행정연구소, 2005.
북제주군, 『북제주군지』, 2000.
오창명, 『제주도오름의 종합적 연구』, 제주대학교출판부, 2007.
양진건, 『그 섬에 유배된 사람들』, 문학과지성사, 1999.

04. 가족이 연달아 유배되다: 김진구/김춘택/임징하

강영민, 『조선왕들의 생로병사』, 이가출판사, 2009.
김만선, 『유배 권력은 지우려 했고, 세상은 간직하려 했던 사람들』, 갤리온,
    2008.
김봉옥, 『증보 제주통사』, 도서출판 세림, 2001.
김봉현, 『제주도유인전』, 제주우당도서관, 2005.
김천형 편저, 『탐라사료문헌집』, 디딤돌, 2004.
김춘택, 김익수 역, 『북헌집』, 전국문화원연합회 제주도지회, 2005.

북제주군,『북제주군지』, 2000.

서귀포문화원,『우리고장의 비석들 2』, 2009.

송찬섭·홍순권,『한국사의 이해』, 한국방송통신대학교출판부, 1998.

양진건,『그 섬에 유배된 사람들』, 문학과지성사, 1999.

양진건 엮음,『제주문배문학자료집(1)』, 제주대학교출판부, 2008.

오창명,『제주도 마을 이름의 종합적 연구』, 제주대학교출판부, 2007.

제주시,『사진으로 엮는 20세기 제주시』, 2000.

제주시·제주문화원,『제주시 옛 지명』, 제주시, 1996.

제주시·제주대학교박물관,『제주시의 옛터』, 1996.

05. 나는 왕이로소이다: 광해군

강영민,『조선왕들의 생로병사』, 이가출판사, 2009.

고정윤,「연려실기술의 제주기사」,『탐라문화』제15호, 제주대학교 탐라문화
    연구소, 1995.

김봉옥,「광해군론」,『제주도사연구』제5호, 제주도연구회, 1996.

김봉옥,『증보 제주통사』, 도서출판 세림, 2001.

김봉현,『제주도유인전』, 제주우당도서관, 2005.

김찬흡 편저,『제주사인명사전』, 제주문화원, 2002.

박명규,『한권으로 읽는 조선왕조실록』, 웅진지식하우스, 2004.

박시백,『박시백의 조선왕조실록 11 광해군일기』, 휴머니스트, 2008.

양진건,『그 섬에 유배된 사람들』, 문학과지성사, 1999.

오성찬,『유배의 섬 곰취꽃 피다』, 푸른사상, 2008.

이성무,『조선시대당쟁사 1』, 아름다운날, 2007.

이종묵·안대회,『절해고도에 위리안치하라』, 북스코프, 2011.

이형상,『남환박물』, 푸른역사, 2009.

제주시·제주대학교박물관,『제주시의 옛터』, 1996.

한명기,『광해군』, 역사비평사, 2000.

KBS한국사전 제작팀,『한국사전 4』, 한겨레출판, 2008.

06. 왕족의 유배: 이건/이덕인/소현세자의 세 아들

강만길, 『고쳐 쓴 한국근대사』, 창비, 2006.
강영민, 『조선왕들의 생로병사』, 이가출판사, 2009.
강용삼 편저, 『제주의 인맥』, 태광문화사』, 1980.
국립제주박물관, 『제주의 역사와 문화』, 2005.
김동전, 「이야기 제주역사: 제주 유배인」, 『제민일보』, 2000.
김봉옥, 『증보 제주통사』, 도서출판 세림, 2001.
김봉현, 『제주도유인전』, 제주우당도서관, 2005.
김찬흡 편저, 『제주사인명사전』, 제주문화원, 2002.
양진건, 『그 섬에 유배된 사람들』, 문학과지성사, 1999.
이건, 김익수 역주, 『규창집』, 제주문화원, 2010.
박명규, 『한권으로 읽는 조선왕조실록』, 웅진지식하우스, 2004.
박시백, 『박시백의 조선왕조실록 12 인조실록, 2008.
양진건 엮음, 『제주유배문학자료집(1)』, 제주대학교출판부, 2008.
오창명, 『제주도오름의 종합적 연구』, 제주대학교출판부, 2007.
이성무, 『조선시대당쟁사 1』, 아름다운날, 2007.
제주도, 『제주선현지』, 1988.
전주이씨대동종약원제주도지원, 『제주이화』 창간호, 2004.
제주특별자치도해녀박물관, 『제주해녀사료집』, 2009.
현용준, 『제주도 사람들의 삶』, 민속원, 2009.

07. 모반을 꿈꾸다: 윤지/조영득/소덕유

고찬화·김천형 공편, 『제주의 근세사 - 조선왕조실록 - 』, 성민출판사, 2002.
김봉옥, 『증보 제주통사』, 도서출판 세림, 2001.
김봉현, 『제주도유인전』, 제주우당도서관, 2005.
김찬흡 편저, 『제주사인명사전』, 제주문화원, 2002.
박명규, 『한권으로 읽는 조선왕조실록』, 웅진지식하우스, 2004.
박시백, 『박시백의 조선왕조실록 10 선조실록』, 2007.
북제주군, 『북제주군지』, 2000.

양진건, 『그 섬에 유배된 사람들』, 문학과지성사, 1999.
이성무, 『조선시대당쟁사 1』, 아름다운날, 2007.
제주도·제주문화예술재단, 『제주유배문화관 기본계획』, 2004.

08. 장두 이재수의 선조는 유배인: 김정/이세번

강용삼 편저, 『제주의 인맥』, 태광문화사, 1980.
고정윤, 「연려실기술의 제주기사」, 『탐라문화』 제15호, 제주대학교 탐라문화
　　연구소, 1995.
김만선, 『유배 - 권력은 지우려 했고, 세상은 간직하려 했던 사람들』, 갤리온,
　　2008.
김봉옥, 『증보 제주통사』, 도서출판 세림, 2001.
김봉현, 『제주도유인전』, 제주우당도서관, 2005.
김윤식, 『속음청사』, 제주문화, 2005.
김익수, 「오현단」, 『제주문화』 제5호, 제주문화원, 1999.
김정, 『제주 고기문집』, 제주문화원, 2007.
김찬흡 편저, 『제주사인명사전』, 제주문화원, 2002.
대정초등학교총동창회, 『대정교 100년사』 상, 2009.
박명규, 『한권으로 읽는 조선왕조실록』, 웅진지식하우스, 2004.
북제주군, 『북제주군지』, 2000.
신규수, 『유배, 유배지, 얽힌바람 1』, 이유, 2000.
양진건, 『그 섬에 유배된 사람들』, 문학과지성사, 1999.
양진건 엮음, 『제주 유배문학자료집(1)』, 제주대학교출판부, 2008.
양진건, 「제주 오현의 교학활동 연구」, 『탐라문화』 제7호, 1988.
오창명, 『제주도마을이름의 종합적 연구』, 제주대학교출판부, 2007.
이성무, 『조선시대당쟁사 1』, 아름다운날, 2007.
이영권, 『새로 쓰는 제주사』, 휴머니스트출판그룹, 2005.
이영권, 『제주 역사기행』, 한겨레신문사, 2004.
제주도, 『제주선현지』, 1988.
제주도교육청, 『제주교육사』, 1999.
제주사랑역사교실 모임, 『청소년을 위한 제주역사』, 각, 2008.
제주시·제주문화원, 『제주시 옛 지명』, 제주시, 1996.

제주시·제주대학교박물관,『제주시의 옛터』, 1996.
제주특별자치도문화재위원회,『제주도기념물 제12호 대정성지 안의 전승비석
　　군 조사보고서』, 2007.

09. 제주 오현 중 3명은 유배인: 송시열/정온

김만선,『유배-권력은 지우려 했고, 세상은 간직하려 했던 사람들』, 갤리온,
　　2008.
김봉현,『제주도유인전』, 제주우당도서관, 2005.
김봉옥,『증보 제주통사』, 도서출판 세림, 2001.
김오순,『탐라순력도산책』, 제주문화, 2001.
김익수,「오현단」,『제주문화』제5호, 제주문화원, 1999.
김찬흡 편저,『제주사인명사전』, 제주문화원, 2002.
박명규,『한권으로 읽는 조선왕조실록』, 웅진지식하우스, 2004.
이성무,『조선시대당쟁사 1』, 아름다운날, 2007.
이원조,『탐라지초본』, 제주교육박물관, 2007.
양진건,『그 섬에 유배된 사람들』, 문학과지성사, 1999.
양진건,「동계 정온 서원배향의 제주교육사적 의미」,『교육사상연구』제24권
　　제2호, 한국교육사상연구회, 2010.
양진건,「제주 오현의 교학활동 연구」,『탐라문화』제7호, 제주대탐라문화연구
　　소, 1988.
양진건 엮음,『제주유배문학자료집(1)』, 제주대학교출판부, 2008.
양진건,「조선조 제주교육사상사 연구-도통을 중심으로」, 제주도연구 제3집,
　　제주도연구회, 1986.
오성찬,『유배의 섬, 곰취꽃 피다』, 푸른사상, 2008.
이덕일,『송시열과 그들의 나라』, 김영사, 2000.
정시열,「동계 정온의 시에 나타난 선비정신-유배 및 좌천기의 시를 중심으
　　로-」, 한국사상문화학회, 한국사상과 문화, 2008.
정온, 재단법인 민족문화추진회 역,『신편 국역 동계 정온 문집』, 한국학술정
　　보(주), 2006.
제주도,『제주선현지』, 1988.
제주도교육위원회,『제주교육사』, 1979.

제주도교육청, 『제주교육사』, 1999.

제주시교육청, 『제주시 교육 50년』, 2004.

제주시·제주대학교박물관, 『제주시의 옛터』, 1996.

제주특별자치도문화재위원회, 『제주도기념물 제12호 대정성지 안의 전승비석군 조사보고서』, 2007.

오현고등학교, 『오현고 50년사』, 2002.

10. 선비는 상소로써 말한다: 최익현/유헌/신명규

고창석·양진건, 「제주도 유배에서의 면암 최익현이 교학생활연구」, 『탐라문화』 제9호, 제주대학교 탐라문화연구소, 1989.

김만선, 『유배 – 권력은 지우려 했고, 세상은 간직하려 했던 사람들』, 갤리온, 2008.

제주도, 『제주선현지』, 1988.

김봉현, 『제주도유인전』, 제주우당도서관, 2005.

김봉옥, 『증보 제주통사』, 도서출판 세림, 2001.

김찬흡 편저, 『제주사인명사전』, 제주문화원, 2002.

박명규, 『한권으로 읽는 조선왕조실록』, 웅진지식하우스, 2004.

신규수, 『유배, 유배지, 얽힌바람 1』, 이유, 2000.

양진건, 『그 섬에 유배된 사람들』, 문학과지성사, 1999.

양진건 엮음, 『제주유배문학자료집(1)』, 제주대학교출판부, 2008.

제주시·제주대학교박물관, 『세주시의 옛터』, 1996.

양진건, 「조선조 제주교육사상사 연구 – 도통을 중심으로」, 제주도연구 제3집, 제주도연구회, 1986.

오석원, 「면암 최익현의 의리사상」, 『동양철학연구』 제31집, 동양철학연구회, 2002.

이덕일, 『송시열과 그들의 나라』, 김영사, 2000.

이성무, 『조선시대당쟁사 1』, 아름다운날, 2007.

이종묵·안대회, 『절해고도에 위리안치하라』, 북스코프, 2011.

최익현, 『국역 면암집』, 민족문화문고간행회, 1986.

최익현, 「최익현의 유한라산기」, 『옛 사람들의 등한라산기』, 제주문화원, 2000.

KBS한국사전 제작팀, 『한국사전 4』, 한겨레출판, 2008.

11. 제주 유배문화의 산물 추사체: 김정희

고찬화·김천형 공편,『제주의 근세사-조선왕조실록-』, 성민출판사, 2002.

김동전,「제주문화의 발전과 현대적 재발견-제주에 온 사람들-」, 2010 인문
　　　주간-기억과 인문학적 상상력 자료, 2010.

김만선,『유배-권력은 지우려 했고, 세상은 간직하려 했던 사람들』, 갤리온,
　　　2008.

김봉옥,『증보 제주통사』, 도서출판 세림, 2001.

김봉현,『제주도유인전』, 제주우당도서관, 2005.

김찬흡 편저,『제주사인명사전』, 제주문화원, 2002.

박명규,『한권으로 읽는 조선왕조실록』, 웅진지식하우스, 2004.

박철상,『세한도』, 문학동네, 2010.

신규수,『유배, 유배지, 얽힌바람 1』, 이유, 2000.

양순필,「추사 김정희의 제주유배언간 고」,『어문연구』통권 제27호, 한국어문
　　　교육연구회, 1980.

양진건,『그 섬에 유배된 사람들』, 문학과지성사, 1999.

양진건 엮음,『제주유배문학자료집(1)』, 제주대학교출판부, 2008.

양진건,『제주 유배길에서 추사를 만나다』, 푸른역사, 2011.

유홍준,『김정희-알기 쉽게 간추린 완당평전』, 학고재, 2006.

이상국,『추사에 미치다』, 푸른역사, 2008.

이영권,『새로 쓰는 제주사』, 휴머니스트출판그룹, 2005.

이호순,「추사 김정희의 시·서·화 연구-제주도 유배시기를 중심으로-」,『현
　　　대미술연구소 논문집』, 경희대학교 현대미술연구소, 2004.

제주도,『제주선현지』, 1988.

제주시·제주대학교박물관,『제주시의 옛터』, 1996.

제주특별자치도문화재위원회,『제주도기념물 제12호 대정성지 안의 전승비석
　　　군 조사보고서』, 2007.

제주특별자치도,『해국에 먹물은 깊고-제주추사관 개관전 도록』, 2010.

한창훈,「추사 김정희의 제주 유배기 언간과 그 문학적 성격」,『제주도연구』
　　　제18집, 2000.

허련, 김영호 편역,『소치실록』, 서문당, 1992.

12. 유배인 술을 빚다: 보우/정난주/노씨부인

고정삼, 『제주의 술』, 도서출판 제주문화, 2003.
김만선, 『유배 - 권력은 지우려 했고, 세상은 간직하려 했던 사람들』, 갤리온, 2008.
김봉옥, 『증보 제주통사』, 도서출판 세림, 2001.
김봉현, 『제주도유인전』, 제주우당도서관, 2005.
김종진 편저, 『명륜록』, 더뮤직, 2008.
김찬흡 편저, 『제주사인명사전』, 제주문화원, 2002.
박명규, 『한권으로 읽는 조선왕조실록』, 웅진지식하우스, 2004.
보우, 배규범 옮김, 『허응당집』, 지만지, 2008.
석도림 편저, 『허응당보우대사』, 불사리탑, 2003.
신성학원총동문회, 『신성백년사』, 2009.
심재우, 『네 죄를 고하여라』, 산처럼, 2012.
양진건, 『그 섬에 유배된 사람들』, 문학과지성사, 1999.
오성찬, 『유배의 섬 곰취꽃 피다』, 푸른사상, 2008.
이성우, 『한국식품사회사』, 교문사, 1984.
이수광, 『조선을 뒤흔든 16인의 왕후들』, 다산북스, 2008.
제주도, 『제주선현지』, 1988.
제주도, 『제주도지』 3권, 1993.
제주 선교 100주년 기념사업추진위원회, 『제주 천주교회 100년사』, 천주교 제주교구, 2001.
추자도지편집추진위원회, 『추자도』, 1999.
평화통일불사리탑, 『허응당 보우대사 환성당 지안대사』, 2005.

13. 유배인의 제주여인과의 사랑: 조관빈/조영순/조정철

김만선, 『유배 - 권력은 지우려 했고, 세상은 간직하려 했던 사람들』, 갤리온, 2008.
김봉옥, 『증보 제주통사』, 도서출판 세림, 2001.
김봉현, 『제주도유인전』, 제주우당도서관, 2005.

김찬흡 편저,『제주사인명사전』, 제주문화원, 2002.

김천형 편저,『탐라사료문헌집』, 디딤돌, 2004.

박명규,『한권으로 읽는 조선왕조실록』, 웅진지식하우스, 2004.

박동욱,「정헌 조정철의 유배 한시 연구 - 홍랑과의 사랑을 중심으로 - 」,『온
　　지논총』제17집, 온지학회, 2007.

양송남,『양송남의 40년지기 한라산 이야기』, 태명인쇄사, 2010.

양진건,『그 섬에 유배된 사람들』, 문학과지성사, 1999.

오성찬,『유배의 섬 곰취꽃 피다』, 푸른사상, 2008.

제주도・제주동양문화연구소,『제주도 마애명』, 2000.

제주도,『제주선현지』, 1988.

제주도,『제주창작오페라 백록담』, 공연 팸플릿, 2009.

제주도・한라산생태문화연구소,『한라산개설서』, 한라산총서, 2006.

조원환 편저,『양주조씨사료선집』, 보경문화사, 1994.

조정철, 김익수 역,『정헌영해처감록』, 제주문화원, 2006.

현길언,『한라산』, 대원사, 1993.

14. 제주에서 시와 벗하다: 김윤식/안조원

강재언,「제주도 유배기의 김윤식」,『탐라문화』제7호, 제주대학교 탐라문화연
　　구소, 1988.

고범석,「제주유배문화의 교육적 활용을 위한 일 연구」, 제주대 석사학위 논
　　문, 2004.

김윤식, 김익수 역,『속음청사』, 제주문화, 2005.

김봉옥,『증보 제주통사』, 도서출판 세림, 2001.

김봉현,『제주도유인전』, 제주우당도서관, 2005(1956년 일어판 번역).

류연석,「안조원의 유배가사 연구」,『한국어교육학회지』92권, 한국어교육학
　　회, 1996.

박명규,『한권으로 읽는 조선왕조실록』, 웅진지식하우스, 2004.

손기범,「제주 유배가사 연구」, 제주대 교육대학원 석사학위논문, 2006.

양순필,『제주유배문학연구』, 제주문화, 2001.

양진건,『그 섬에 유배된 사람들』, 문학과지성사, 1999.

양진건,「제주유배인의 개화교학활동 연구」, 민족문화연구, 고려대학교 민족

문화연구원, 1990.

오창명, 『제주도마을이름의 종합적 연구』, 제주대학교출판부, 2007.

윤치부, 「화북동의 사회배경 개관, 옛 제주관문인 화북포구일대 학술조사」, 『탐라문화』 제8호, 제주대학교 탐라문화연구소, 1989.

이영권, 『새로 쓰는 제주사』, 휴머니스트출판그룹, 2005.

이윤석 외, 『금방울전·김원전·적성의전·만언사』, 경인문화사, 2006.

이형상, 『남환박물』, 푸른역사, 2009.

제주도, 『제주도지』, 2006.

제주도, 『제주선현지』, 1988.

제주도민속자연사박물관, 『추자도 학술조사보고서』, 2006.

제주 선교 100주년 기념사업추진위원회, 『제주 천주교회 100년사』, 천주교 제주교구, 2001.

제주시·제주대학교박물관, 『제주시의 옛터』, 1996.

제주사랑역사교실 모임, 『청소년을 위한 제주역사』, 각, 2008.

추자도지편집추진위원회, 『추자도』, 1999.

현기영, 『변방에 우짖는 새』, 창작과 비평사, 1983.

15. 전라남도 유배인: 정약전/정약용

김경옥, 「조선시대 유배인의 현황과 문화자원의 활용 - 전남지역을 중심으로」, 『역사학연구』 40집, 2010.

김만선, 『유배 - 권력은 지우려 했고, 세상은 간식하려 했던 사람들』, 갤리온, 2008.

김봉남, 「다산의 장기 유배기 시에 함축된 내면의식의 제양상」, 『한국한문학연구』 38권, 한국한문학회, 2006.

김정섭, 「흑산도와 유배의 삶」, 『신안문화』 13호, 2003.

박명규, 『한권으로 읽는 조선왕조실록』, 웅진지식하우스, 2004.

신규수, 『유배, 유배지, 얽힌바람 1』, 이유, 2000.

신동원, 「다산은 현산어보가 아니라 자산어보라고 불렀다」, 『역사비평』 제81호, 2007.

신안군·목포대학교 도서문화연구소, 『흑산도 유배문화공원 조성 학술보고서』, 2003.

이덕일,『정약용과 그의 형제들』, 김영사, 2004.

정약용, 박석무 편역,『유배지에서 보낸 편지』, 창비, 2009.

정약전,『상해 자산어보』, 신안군, 1998.

KBS역사스페셜,『역사스페셜 7』, 효형출판, 2004.

KBS한국사전 제작팀,『한국사전 2』, 한겨레출판, 2008.

16. 과거의 활용

김맹하·장공남,「스토리텔링의 계보학적 고찰」,『인문학연구』12집, 제주대
　　학교 인문과학연구소, 2012.

김봉옥,『증보 제주통사』, 도서출판 세림, 2001.

김봉현,『제주도유인전』, 제주우당도서관, 2005.

신안군·목포대학교 도서문화연구소,『흑산도 유배문화공원 조성 학술보고서』,
　　2003.

양순필,『제주유배문학연구』, 제주문화, 2001.

양진건,『그 섬에 유배된 사람들』, 문학과지성사, 1999.

이영권,『새로 쓰는 제주사』, 휴머니스트출판그룹, 2005.

전경수,『탐라·제주의 문화인류학』, 민속원, 2010.

제주대학교,「제주유배문화의 녹색관광자원화를 위한 스토리텔링 콘텐츠 개
　　발사업 사업계획서」, 2010.

제주도,『제주선현지』, 1988.

제주도·제주문화예술재단,『제주유배문화관 기본계획』, 2004.

제주사랑역사교실 모임,『청소년을 위한 제주역사』, 각, 2008.

찾아보기

장공남(張公南)

1971년 제주도 성산읍에서 태어났다. 울산대학교 전기공학과를 졸업하였다. 2001년 9월 제민일보에 입사해 2011년 8월까지 기자생활을 하였다. 제주대학교 사회교육대학원 스토리텔링학과에서 사회교육학(스토리텔링) 석사 학위를 받았다.

지은 책으로는 『저녁의 거리』가 있으며, 논문 「스토리텔링의 계보학적 고찰-한국에서 스토리텔링의 논의를 중심으로」를 썼다. 단편영화 <거대한 나이, 29세>를 만들기도 했다. 기자시절, 한국기자협회가 주는 제244회 이달의 기자상(지역기획 신문·통신부문)을 수상하였다.

제주도
귀양다리
이야기

초 판 인 쇄 | 2012년 7월 5일
초 판 발 행 | 2012년 7월 5일
2 판 인 쇄 | 2012년 12월 28일

글·사 진 | 장공남
펴 낸 이 | 채종준
펴 낸 곳 | 한국학술정보㈜
주   소 | 경기도 파주시 문발동 파주출판문화정보산업단지 513-5
전   화 | 031) 908-3181(대표)
팩   스 | 031) 908-3189
홈 페 이 지 | http://ebook.kstudy.com
E - m a i l | 출판사업부 publish@kstudy.com
등   록 | 제일산-115호(2000. 6. 19)

ISBN   978-89-268-3512-8 03910 (Paper Book)
        978-89-268-3513-5 08910 (e-Book)

이담 books 는 한국학술정보㈜의 지식실용서 브랜드입니다.